BIBLIOTHEK
GERHARD POLT

BAND IV

GERHARD POLT

Von den Fremden hier und dort

*Teilweise in Zusammenarbeit mit
Hanns Christian Müller*

KEIN & ABER

Alle Rechte vorbehalten
Copyright © 2012 by Kein & Aber AG Zürich – Berlin
Druck und Bindung: Kösel GmbH, Altusried-Krugzell
ISBN 978-3-0369-5634-3

www.keinundaber.ch

INHALT

Menschenfresser 7
Die Aussteiger 15
Der Individualist 23
Der Kaiserschmarren 26
Der internationale Feinschmecker 27
Olé 30
Der Europäer 34
Apropos Afrika 42
Benefiz 45
Der Bürgermeister von Moskau 49
Ein Ostblockplayboy 85
Anlässlich der Grenzen 87
Alles über den Russen 91
Care Gino 96
Mr. Anybody 100
Concentration-Camp-Song 102
Die souveräne Persönlichkeit 107
Das Dritte-Welt-Essen 112
Eine Spendenaktion 115

Der spanische Lebensretter 123
Convertibilität 134
Stille Hilfe 136
Europa und Bier 139
Das Interview 142
Herr Tschabobo 145
Alles über Jugoslawien 153
Campingfreuden 155
Im Urlaub 156
Touristikinformation 164
Italien 167
Vom Boden essen 170
Die Kulturreise 176
Der Stau 178
Alles über Spanien 186
Der Überfall 188
Schweden 189
Alles über Frankreich 191
Bahli, Balli – Bali 193
Alles über Griechenland 195
Die Weltreise 197

MENSCHENFRESSER

Wir haben gesagt, Mariele, Mariele, du konntest ja letztes Jahr nicht mit uns mitkommen, weil du warst ja verhindert, du hast ja deinen Pilz ghabt, und außerdem hast du den Führerschein gmacht, gell. Du hast ja den Führerschein gmacht und hast dazu dreiundneunzig Stunden gebraucht, ich mein, du hast jetzt den Führerschein, ham mir gsagt, Mariele, aber es ... du warst verhindert, du konntest nicht mit uns mitfliegen, außerdem sind wir ja letztes Jahr nur auf die Virgin Islands gefahren, des war wegen diesem Benefizessen, dieses Wohltätigkeitsessen, das war dieses Lobster-Festival ... äh, äh, zugunsten der Tiramisu-Geschädigten. Und wir haben gesagt, Mariele, dafür kannst du dieses Jahr mit uns mitfliegen, wenn wir diesen Gastronomie-Adventure-Trip machen. Äh, der Gastronomie-Adventure-Trip wurde von der Zeitschrift ... ähm ... nicht *essen & trinken*, auch nicht *Der Feinschmecker*, sondern wurde von ... *Le Gourmeur* veranstaltet – der *Le Gourmeur*. Und die haben des organisiert, und wir sind dann, an dem Donnerstag, wo es so saukalt war, da sind wir dann vom Franz-Josef-Strauß-Airport weggeflogen, nonstop, direkt über Singapur, dann nach Sydney, weil Sydney war unser Headquarter. Und wir sind dann, jetzt warten Sie, des war dann, ich komm immer mit der Zeit durcheinander, weil da war dieser Jetlag; der Vati hat auch gesagt, Jetlag, na, des hättens ja in den Prospekt reinschreiben können, dass da ein Jetlag is, net, weil mir ham ja den Tag bezahlt, aber mir ham ihn nicht gekriegt, net, so ein Jetlag, das ist ungefähr so was wie ... äh ... ein Disagio bei der Bank, net, das Geld sieht man auch nicht mehr. Na ja, und dann war der erste Gastronomie-Adventure-Trip, der stand unter dem Motto ... äh, »Essen ...«, äh ... »Wir fliegen zu den Aborigines: Essen wie vor zehntausend Jahren«. Wir haben halt gedacht, na ja, des is halt ein ... äh ... das ist halt ein – Motto, wir haben ja nicht gewusst, dass die wirklich wie vor zehntausend Jahren fressen, net; und ich muss auch sagen, was sich diese Aborigines ausgedacht haben, also das ist – mit essen hat das nichts zu tun, gell. Des ist auch kein Abenteuer, sondern ein Skandal. Da ham sie dem Vati – zum

Beispiel ham die serviert ... a so ... ähm ... äh, hm, so, so ... Insektenrouladen, nicht, und dann so Termitenravioli ... also, grauenhaft, net. Der Vati hat sich wirklich überwunden, dass er überhaupt – es zu sich nimmt, net. Und wie er des wollte, da kommt der Bürgermeister, oder was er ist, von diesen Aborigines, und spuckt dem Vati auf diese Ravioli drauf, net. Der Vati hat gleich den Guide kommen lassen, hat gsagt, »Sie, der Kerl, der speit auf meine Ravioli drauf«. Dann sagt der Guide, »na ja, des is bei denen eine alte Tradition, das bedeutet bei denen 'guten Appetit'«. Und dann hat der Vati gsagt, »ja, sagn Sie dem amal, ob er nicht weiß, dass die zehntausend Jahre jetzt vorüber sind«, net – also fürchterlich! Und der Vati hat sich wirklich, also – überwunden! Es war so ungustiös, gell? So ungustiös! Und trotzdem, der Vati beißt rein, nein, also staubtrocken. Der Vati hätt beinah einen Hustenanfall bekommen, gell – also so trocken. Der Vati hat gesagt, »also, ein – Gugelhopf ist ein feuchter Schwamm dagegen«, net – grauenhaft. Und dann – ham sie ihm eine Sauce gebracht, eine Pfefferminzsauce, und dann sagt der Vati, »na ja, was heißt Pfefferminzsauce! Muss ich zwanzigtausend Kilometer fliegen, dass ich eine Pfefferminzsauce bekomme?« Oder, damit Sie sich's vorstellen können, was die noch serviert ham: Dann ham sie einen Heuschreck serviert – ein Heuschreck, so groß wie ein Dackel. Aber den Heuschreck selber, den verzehren sie nicht, net, sie essen nur seine Exkremente, net, auf deutsch: den Scheißdreck. Also, hören Sie auf! Wir ham drei Kreuze gemacht, wie wir endlich wieder im Headquarter waren. Aber dann, beim »Le Gourmeur«, ham sie sich dann schon angestrengt, sie ham gewusst, jetzt müssen sie sich ins Zeug legen, und im Mainland haben wir dann bekommen, jetzt warten Sie, wir ham gegessen, ein – das war sehr gut, à point, also das Fleisch war à point, ähm –, einen Carpaccio, ein Fleisch vom Koalabären. Nur dann ham sie wieder eine Pfefferminzsauce draufgeschüttet. Die tun auf alles Pfefferminzsaucen drauf. Wissen Sie, weil diese Australier haben das schwere Erbe der englischen Küche angetreten. – Oder wir ham gegessen, das war ein Auflauf, ein … ähm … Soufflé an Flamingozungen, hat's geheißen. Flamingozungenauflauf an Bordeaux-Wein, nicht. Aber da war gerade diese Mururoa-Sache, diese Gaudi mit diesen Atomtests, Sie wissen schon. Und dann kommt der Guide daher und sagt, ob wir ausnahmsweise statt diesem

Bordeaux vielleicht doch lieber einen Trollinger trinken. Und dann hat der Vati gesagt, »na ja, also wenn wir damit dem Chirac eins auswischen, in Gottes Namen, trinken wir auch einen Trollinger dazu«. Und dann kam diese Enttäuschung, so eine Enttäuschung, also, ich hab den Vati noch nie so enttäuscht gesehen. Wissen Sie, aber es ist auch im Prospekt gestanden, es hat ja auch geheißen, wir bekommen einen Tafelspitz vom Riesenwaran. Es ist ja ausdrücklich dringestanden, dann kommt der Guide daher im letzten Moment und sagt, den Riesenwaran können sie nicht mehr servieren, der letzte Waran ist vor drei Monaten ausgestorben, ein Zahnarztehepaar aus Ebersberg bei München hat den letzten gefressen. Also, Sie hätten unsern Vati sehn sollen ... Der Vati war – also, vollkommen desillusioniert. Er hat gesagt, »warum mache ich die Reise, warum mach ich diese Reise«, er sagt, »einmal in meinem Leben hätte ich halt so gern einmal etwas Ausgestorbenes probiert«. Na ja, dann haben sie sich dafür entschuldigt und haben ersatzweise diese Eier serviert von diesen Sch... äh ... Riesenschildkröten, wissen Sie, und der Guide hat gesagt, er geht davon aus, äh ... die sterben auch bald aus. Und dann haben sie sie serviert und haben wieder diese Pfefferminzsauce drauf. Na ja, also jetzt, kurze ... lange Rede, kurzer Sinn, und dann kam der Höhepunkt der Reise: Das Motto hat geheißen »Wir fliegen zu den Papalangi«, das sind diese Man-Eater, wobei ich sagen muss, der Begriff Man-Eater ist missverständlich, denn sie essen ja Frauen auch. Also, wir sind rübergeflogen mit Transfer und Propellermaschine, und dann – eine Hitze, ich sag Ihnen, eine Hitze, brüllende Hitze, Dreck, Schlamm, Mücken, Schnaken, Bremsen, nicht wahr, fürchterlich, bis man zu diesen Man-Eatern kommt. Stundenlang sind wir mit dem Ranch Rover durch diesen Dreck, weil dieser Stamm ist ja erst vor einem Dreivierteljahr entdeckt worden, aber sie sind bereits ... äh ... katholisch – also den Papst kennen sie. Und einer von ihnen, der Medizinmann, hat sogar diesen Karl Moik, diesen ... äh ... vom ... vom ... Musikantenstadl, hat er schon auf einem Bild dabeigehabt. Und ... äh ... und ich muss auch sagen, diese Man-Eater, sie sind auch ... also ... herrlich in ihrem Benehmen, wie sie uns empfangen ham, mit einer Herzlichkeit und einer Natürlichkeit, mit einer Nonchalance haben sie uns begrüßt, und sie haben getrommelt – sie trommeln ja so gerne –, mit einer Inbrunst haben sie getrommelt,

Stille Nacht ham sie getrommelt, und … ähm … und das Kufsteinlied und *Horch, was kommt von draußen rein*. Also diese Man-Eater! Und dann muss ich noch sagen, ja, als es dann so weit war, bevor wir zu Tisch gebeten wurden, äh … ist der Guide noch mal gekommen und hat uns gesagt, »wer jetz dann kein Menschenfleisch nicht essen will, braucht es auch nicht zu essen, der kann ersatzhalber auch Maultaschen oder Spaghetti oder ein Tiroler Gröstl bekommen, also keiner muss es essen«. Nur unser Vati hat gesagt, »kommt nicht in Frage, ich hab das Fleisch bezahlt, ich hab's gebongt, und wir essen es auch«. Und wie diese Man-Eater auch den Tisch gedeckt haben, das muss man gesehen haben. Also, und mit einem Geschmack, diese Man-Eater. Sie ham ein Dekor und auch ökologisch, also, zum – alles so schön hergerichtet, keinerlei Plastik, nur Porzellanteller, wunderbar gedeckt, der Tisch, also, man … man muss zugeben und sehen, diese Man-Eater, sie sind auf der Höhe der Zeit, sie wissen, das Auge isst mit. Und dann, bevor wirklich serviert wurde, hat unser Vati, weil wissen Sie, unser Vati ist seit diesem Rinderwahn mit dieser BSE-Geschichte, ist unser Vati sehr hellhörig, alles, was Fleisch angeht. Und dann hat er den Guide kommen lassen, hat gesagt, »bitte, sind Sie so nett und verraten Sie mir, woher kommt das Fleisch?« Aber der Guide hat ihn gleich beruhigt und hat gesagt, nein, er garantiert, das Fleisch ist clean, also er gibt ein Zertifikat, sie legen eine Hand ins Feuer, also sie sind da ... also wir brauchen keinerlei Angst zu haben, das Fleisch ist vollkommen in Ordnung. Er sagt, das Fleisch kommt höchstens, er sagt, wenn diese Man-Eater einen erwischen, vielleicht einmal von den Boat people, dann kann es sein, dass er in den Topf kommt, oder in seltenen Fällen, aber wirklich nur sehr selten, wenn er überhaupt hergeht, dann vielleicht einmal ein Blauhelm, aber er sagt, wenn da ein Engländer dabei ist, dann lassen sie ihn sowieso wieder laufen. Also, ich sag's ganz ehrlich, ich bräuchte kein, äh ... kein Menschenfleisch essen, und das Mariele hat auch gesagt, nein, also jeden Tag müsste sie das wirklich nicht haben. Und wir ham's auch nicht mitgenommen, weil sie ham's uns als Suppe in Konservendosen noch verkaufen wollen, nicht? Also man muss es wirklich nicht immer essen, aber auf der andern Seite sag ich halt, mein Gott, man war einmal dabei, man hat's einmal probiert, man kann halt doch einmal mitreden.

DIE AUSSTEIGER

Heiko Söderbohm sitzt mit Herrn Schmitz in Söderbohms Ferienvilla vor dem offenen Kamin mit Blick in den Garten.

SÖDERBOHM Wissen Sie, mein lieber Schmitz, ich habe mir das mal approximativ durchgerechnet, ich koste mich selbst, also jede Stunde meines Daseins kostet mich circa vierhundertachtzig Mark. Da ist sie dann schon mit drin.
Er deutet auf seine Frau Ulla, die gerade mit einer Flasche Cognac kommt.
Mit Totalkosten, auch wenn sie schläft oder ich beispielsweise.
ULLA Herr Schmitz, wolln Sie mal kosten? Hundertfünfundsiebzig Jahre alter Cognac. Den hat Heiko bei einer Konkursmasse ersteigert. Das ist was Wunderbares.
HEIKO Obwohl – ich habe neulich 'nen ganz

ordinären Remy aus'm Supermarkt geordert – schmeckt man kaum 'nen Unterschied.

ULLA Nee, nee, nun übertreib mal nicht, Heiko, das ist schon ein gewaltiger Unterschied. Kosten Sie mal, Herr Schmitz, allein das Bouquet … *Ulla schenkt Herrn Schmitz einen Cognac ein.*

HEIKO Mir auch einen, Ulla-Maus. Tja, Herr Schmitz, ich kann Ihnen ja auch mal spaßeshalber vorrechnen, was Ihnen Ihr Dasein so kostet. Das is so 'n Spleen von mir, wissen Sie. Aber die meisten sind erstaunt, wenn ich's ihnen mal ausrechne, wie teuer ihnen ihr Leben zu stehen kommt. Gut, in Ihrem Fall läuft das Ganze natürlich wahrscheinlich etwas preiswerter ab. Sie haben kein Ferienhaus am Hals. Schaun Sie, allein nur so 'n offener Kamin beispielsweise …

ULLA Also dann, erstmal prost, die Herrschaften.

SCHMITZ Prost.

HEIKO Prösterchen, Prostata! Schaun Sie, ich bin hier in unserem Feriendomizil vielleicht vierzehn Tage im Jahr. – Höchstens mal drei Wochen.

Schmitz kippt den Cognac in einem Zug runter.

ULLA *zu Schmitz* Der ist hundertfünfundsiebzig Jahre alt, den müssen Sie mit Verstand trinken.
SCHMITZ Ach so ...
HEIKO Ja, ääh ...
SCHMITZ Darf man hier rauchen?
HEIKO Na, paffen Sie mal.
Schmitz bietet Heiko eine Zigarette an.
SCHMITZ Mögen Sie auch eine?
HEIKO Nö, nö. In meinen Mußestunden gönne ich mir ja ab und an 'ne Havanna, fünfunddreißig Mark das Stück – für mich, is 'n Sonderpreis. *Heiko zündet sich eine Havanna an.* Also, passen Sie mal auf. Insgesamt brennt nun dieser Kamin vielleicht viermal im Jahr zwei Stunden. Ich lasse ihn ja auch nicht immer an – sind acht Stunden, da runden wir auf, sagen wir, zehn Stunden, das rechnet sich besser. Ein Kubik Holz kostet normal einhundertzwanzig Mark, ich muss hier hundertfünfzig Mark zahlen, die Leute meinen ja, ich bin hier Krösus. Na ja, macht also fünfzehn Mark pro Stunde. Aber das ist ja nur das wenigste, das sind die geringsten Kosten. Die Tatsache, dass dieser Kamin überhaupt da steht, macht anteilsmäßig am Gesamtobjekt hier circa dreißigtausend Mark. Vollkapitalisiert sind das dreitausend

Mark per anno, sind wir schon bei dreihundertfünfzehn Mark pro Stunde. Und jede Stunde, die ich hier vorm Kamin verbringe, koste ich mich selbst aber schon per se vierhundertachtzig Mark, macht siebenhundertfünfundneunzig Mark.

ULLA Und dann trinken wir noch 'nen kleinen Cognac, und dann sind Sie schon bei weit über achthundert Mark pro Stunde Kaminfeuer. Aber wenn Sie sich das genau überlegen, bringt das alles nichts. Man zahlt sich hier dumm und dusslich und hat nichts davon. Die Leute sind dumm, frech, aufsässig, faul und ordinär. Gucken Sie mal!

Hebt eine Sofadecke hoch, man sieht eine Zigarettenkippe in einem kleinen Rand von Dreck.

Das habe ich vorige Woche hier hindrapiert. Die Putze war einmal da, die Putze war zweimal da und heute noch mal. Morgen ist sie nicht mehr da, sie weiß es nur noch nicht. Man muss sich ja nicht alles bieten lassen. Man wird ja nur noch ausgenutzt, man wird nur noch wegen des Geldes respektiert, verstehen Sie, ich halte diese verlogene Gesellschaft hier nicht mehr aus. Man kommt zu nichts, man führt banale Gespräche, man döst so vor sich hin, drum lösen wir hier alles auf, wir haben uns jetzt in Umbrien so 'n kleines Gehöft zugelegt, in dieser typisch umbrischen Bauweise.

HEIKO Gleich bei Monte del Trano links ab ins Gebüsch, mit eigenen Weinbergen, is 'n Traum.

ULLA Und die Leute da sind noch von einer Ursprünglichkeit, sag ich Ihnen, die haben eine Spontaneität am Leib, so was finden Sie hier nicht mehr. Das finden Sie bei uns nirgends mehr.

HEIKO Nicht so durchkommerzialisiert, verstehen Sie?

SCHMITZ Ah ja.

ULLA Drum machen wir hier tabula rasa, wir steigen aus.

HEIKO Wir lassen alles hier zurück, bis auf Steinway und Hundertwasser-Zyklus.

ULLA Wir hinterlassen keine Adresse, kein Telefon, die paar wirklich guten Freunde finden einen dann schon. Man braucht dort nichts außer 'nem tüchtigen Geländewagen, Toyota-Allrad hab ich schon bestellt.

HEIKO Wieso haste denn keinen Mercedes bestellt?

ULLA Nö, Toyota-Allrad is doch 'n klasse Geländewagen, stabiler Wagenheber, alles bei.

HEIKO Aber ich habe nur einen Satz Bandscheiben. Hähähä. Wenn wir schon wie Robinson leben, 'n kleiner Hauch von Luxus mag da schon noch sein. Wir fahren doch nicht zur Strafe runter, Ulla.
ULLA Aber Toyota is 'ne Weltmarke.
HEIKO Mercedes is auch 'ne deutsche Weltmarke.
ULLA Toyota war Allrad-Testsieger.
HEIKO Ja, aber nur bei der Geländeschrägfahrt.
ULLA Aber der Toyota-Service is ...
HEIKO Ich nehm keinen Ausländer, außerdem, die Leute in Umbrien sind zwar rührend dilettantisch, aber 'n bisschen achten die auch drauf, was man fährt.
ULLA Ja eben, Mercedes sieht immer gleich so neureich aus, oder was finden Sie, Herr Schmitz?
SCHMITZ Na ja, äh ...
HEIKO Ach was, dann bekommst du eben deinen Toyota, und ich fahre Mercedes. In dieser Wildnis sind zwei Autos sowieso kein Nachteil. Apropos, was macht denn der Kaffee, Ulla-Maus?
ULLA Schon in Arbeit. *Geht in die Küche.*
HEIKO Tja, die Frauen, sie wollen immer ihren Willen haben, die haben alle ihre Macken, alle. Is Ihre Frau auch so?

SCHMITZ Ich bin nicht verheiratet.

HEIKO Seien Sie froh, sparen Sie sich viel Geld.

Ulla kommt aus der Küche.

ULLA Heiko, kannst du mir mal eben kurz zur Hand gehen?

HEIKO Ja, was is denn, Ulla-Maus? Moment, lieber Schmitz.

Heiko geht auch weg. In der Küche:

ULLA Sag mal, bist du wahnsinnig, wie kommst du dazu, diesen öden Tropf hier einzuladen?

HEIKO Was heißt hier einladen? Der hat sich selbst eingeladen, das war …

ULLA Ich kenne diese Sorte Schmarotzer, die wanzen sich überall an, wo's was zu schnorren gibt. Am Ende spioniert er uns noch die Wohnung aus.

HEIKO Nö, nö, der is so harmlos wie 'ne Stubenfliege. Ein kleiner Fisch in meiner Firma, ich habe ihm mal in 'ner schwachen Minute gesagt: Wenn Sie mal in der Gegend sind, schaun Sie doch auf 'nen Sprung vorbei. Kann ich doch nicht ahnen, dass dieser Arsch das wörtlich nimmt.

ULLA Ja, aber nach'm Kaffee sägst du ihn ab. Ich kann diese alberne Fresse nicht länger sehen.

HEIKO Lass mal, Ulla-Maus, der kriegt noch zehn Minuten, und dann fliegt er raus.
ULLA Aber zehn Minuten maximal!
Heiko kommt zurück aus der Küche.
HEIKO So, mein lieber Schmitz, Kaffee ist schon in Arbeit.
Ulla kommt mit Kaffeegeschirr.
ULLA Wollen Sie vielleicht 'n paar Kekse dazu?

DER INDIVIDUALIST

Herbert Einweg, Individualist, liegt in einer idyllischen Waldlichtung unter seinem Chevy-Blazer. Die Motorhaube und die Heckklappe sind geöffnet. Einweg angelt mit der Hand nach einem Schraubenschlüssel.

Ächzt So. – Machma 'n wieder zua. *Kriecht unter dem Wagen vor.* Der Ölwechsel waar scho seit viertausend Kilometer überfällig. Im Winter hab i a 10/30er ghabt, jetz nimm i wieder a 20/50er, des kaaf i allweil in so am Großeinkaufscenter, so a Discountladen. Sie, da spart ma fei doch allerhand. *Füllt Öl nach.* I bin ja schließlich koa Ölscheich, oder? Diese Araber, die machen Kohle, da bist als einfacher Angestellter direkt a Depp, ein Waisenknabe. Jetz hams wieder Oberwasser, da drunt im Orient. Weil, a paar tausend Jahr war ja da druntn Ebbe, gell? A paar Kameltreiber, a paar Dromedare, und sonst zuadraht. *Schließt*

Motorhaube. Obwohl s' früher ja a Hochkultur warn. Mecht ma net glaubn, aber da war scho was los da drunt, gell, i hab ma's angschaut, diese Ausstellung von dem Tutenchamun, so a Kaiser, des hoaßt, er war ja eigentlich nur a Prinz, aber i muaß sagn, des warn Hundling, de ham Kultur ghabt. *Ächzt.* Des war a Stil, des war damals direkt, kannt ma sagn, epochemachend. *Wirft alten Ölofen in Wassertümpel.* I hoaz jetz nur noch mit Holz und Brikett, die Ölofenzeit ist restlos passé. Dann hams so kloane Figurn aus Gold und so Käfer, so Skarabäus, ois echt Gold, ham die scho gmacht. *Fegt seinen Wagen aus.* Und dann hams so Schalen ghabt, auch aus Gold, da warn dann de Innereien drin von de Opfertiere und von de Prinzen. Und dann hams so Weiber ghabt, angeblich Priesterinnen ... Sie, da war was los. Des sieht ma ois an dene Abbildungen, direkt pornographisch. *Wirft Matratze dem Ofen hinterher.* Des is dann alles ausgestellt, in de Vasen hauptsächlich. So a kloans Sofa hams auch ausgestellt, auch vom Tutench selber, des war sei Lieblingssofa, sein Lieblingskanapee, obwohl er wahrscheinlich nie draufglegn is, weil des war aa ois aus purem Gold. Ja, de ham scho glebt, de Hund, obwois immer Zahnweh ghabt ham, damals. Schmerztabletten hat's no koane gebn, gega solchene Sachen warns hilflos. *Leert Aschenbecher aus.* Was s' damals gessn ham, mei des is auch kaum überliefert, wahrscheinlich mehr Obst und so Südfrüchte. Nüsse ab und zu … *Sieht sich um.* So, na hamma ois. Naa, hoit, hoit, de hätt i fast vergessn. *Wirft vier abgefahrene Reifen aus dem Wagen.* De ham guat ghoitn. Mit dene hab i sechzigtausend Kilometa owigradelt … Jetz fahr i dann nach Italien nunter. Um diese Jahreszeit – herrlich! Schaug i mi a bisserl um. Auf den Spuren Roms, Venedig, Florenz und so, mei, i mag halt diese alten Kulturvölker, weil de ham echt was drauf ghabt, ehrlich. Wissen S', da bin ich ein Individualist, i schaug mir des gern o, diese Paläste und so. Kirchen weniger, aber so Paläste. *Steigt in sein Auto.* So, na ham mir's wieder. Aber Sie, wenn diese Tutenchamun-Ausstellung amal bei Eahna in der Nähe is, ein Tip: Genga S' nei. Des is was für Individualisten, des is sagenhaft, wirklich brillant, ehrlich …

Fährt los, wirft im Wegfahren eine leere Fanta-Büchse aus dem Fenster.

DER
KAISERSCHMARREN

KELLNER Buongiorno, Signore.
GAST Buongiorno. Äh, prego la ... la carte.
KELLNER Si, si, prego, Signore.
GAST Äh, vogliamo, hm, una hmhm, una bistecca, una bistecca con insalata e poi un, hmhm, un, una diserto, prego. Was möchtest du, Schatz? Hm, ja, ja, hmhm, vogliamo una ... vielleicht einen Karpfen? Carpe, aa ... avete, avete carpe? Ähäh, poi una ... vielleicht ein kleines, ein Dessert? Nehmen wir vielleicht Kaiserschmarren. Wir ... vogliamo ... vogliamo narretia del imperatore, si, ma subito, nicht wahr. Subito, perche abbiamo fame e sete.
KELLNER Also, entschuldigen Sie, mein Herr, aber isch so, weil die Kucherl hat schon geschlossen, gell, kemma gar nix mehr machen, nur noch Getränke gibt's.

DER INTERNATIONALE
FEINSCHMECKER

Ein Imbisswohnwagen, daneben ein Resopaltisch zum Stehverzehr. Rauch von altem Öl aus dem Inneren des Wagens. Zwei Herren nähern sich dem Imbissstand in angeregter Unterhaltung.

HERR I Skandinavien, gastronomisch eine absolute Wüste, ich bitte Sie, Knäckebrot, Seelachs – äußerst einseitig. Was habens denn sonst da droben? Von Finnland möcht ich lieber ganz schweigen. Was diese armen Hunde zu sich nehmen müssen …

HERR II Aber vielleicht …

HERR I Ach, hören Sie mir doch auf damit! Spanien! Habn Sie mal a Paellia gessen?

HERR II Ja.

HERR I Na also, dann wissen Sie ja, was los is. Und dann diese Weine. Brrr! Entsetzlich. Ich meine, Italien, natürlich, vielleicht gibt's

hie und da mal eine Lokalität, wo man speisen könnte, aber insgesamt betrachtet muss man auch Italien ad acta legen. Diese ewigen Teigwaren, ich kanns nimmer sehn. Auch gewürztechnisch is der Italiener noch infantil.
Die beiden sind an dem Wurststand angelangt.
HERR I Ach bitte, geben Sie mir ein Nierenschaschlik. Mit doppeltem Ketschap.
HERR II Mir 'ne Cörrywurst, bitte.
HERR I Auch hier in Deutschland, mein Gott, ein paar Schmankerln, aber sonst, die deutsche Küche is ja praktisch tot. Das heißt, sie is ja gar nicht existent, eigentlich hat es sie ja noch nie gegeben. *Neue Fettwolke aus dem Imbisswagen.* Die deutsche Gastronomie is ja ein Widerspruch in sich, verstehn Sie? Wissen Sie, ich habe mir angewöhnt, wenig zu essen, aber wenn, dann … oh, là, là!
HERR II Geben Sie mir 'ne Fanta.
HERR I Ja, mir auch. Wissen Sie, eine Mahlzeit, *kein* Futter, das gibt es doch nur in Frankreich. Eventuell noch was Chinesisches, aber selbst das … *Winkt ab.* Ich sage nur: Bocuse, Haeberlin, besser gesagt: Aberlää, Winzigmann … Mmmh, diese Sorbets, diese Parfaits, haben Sie schon mal Cuissot au court-

bouillon gegessen oder eine Volaille de Bresse à la broche?

HERR II Sie meinen Brathuhn?

HERR I Ach! *Winkt unwillig ab.* Oder Poularde de Bresse truffee mere Brazier, Paupiettes de veau und so weiter und dazu einen 67er Sancerre oder einen 64er Chablis. *Nimmt einen Schluck Fanta.* Zum Wild dann eher Bordeaux. Wissen Sie, hier ernährt man sich. Aber essen, richtig essen kann man nur in Frankreich. *Nur* in Frankreich! *Beißt in sein Nierenschaschlik, mit Kennermiene.* Mmh, sehr gut.

OLÉ

Der Harry – ja, das war so: Die Wohnung gehört ja dem Harry, nicht wahr? Oder hat ihm auch gar nicht gehört. Der Harry war ja bloß der Mieter. Die Wohnung hat der Frau gehört. Die Frau war ja die Eigentümerin. Eine Eigentumswohnung. Und jetzt hat die Frau ... die wollte wieder in ihre Wohnung hinein – wie sagt man da, Eigentumsbedarf –, und drum ist sie schwanger geworden. Da hat der Harry gesagt: »Ja, sind S' mir nicht bös, aber ich hab den Mieterschutz. Was kann ich dafür, wenn Sie einen Braten im Rohr haben. Wenn Sie in die Wohnung wollen«, sagt der Harry, »zahlen S' fünfzigtausend Mark – cash –, dann können Sie die Bruchbude wieder beziehen. Dann kriegen Sie s' besenrein – oder Sie prozessieren.« Sagt er: »Dann prozessieren S' halt. Aber das sag ich Ihnen gleich. Dann ist Ihr Kind ein Student, bis Sie da drin sind.« Der Harry – der Harry hat ja der Frau gar nicht gesagt, dass er sowieso ausziehen will. Der Harry – der wollte doch sowieso nach Spanien auswandern. Der hat die Fünfzigtausend von der Frau genommen, dann ist er sowieso in Frührente – bei der Telekom –, mit sechsundvierzig Jahren in Frührente, hat die fünfzigtausend Mark mitgenommen, und jetzt ist er in Spanien. Viva Espagna. Der ist in Spanien forever. Der kommt nicht mehr zurück. Und ich sag's ganz ehrlich: Wenn jetzt ich in Rente gehe, wo gehe ich hin? – Spanien. Ja, freilich geh ich nach Spanien – ich bin ja nicht … Entschuldigung … Spanien/Deutschland, machen wir mal ein Preis-Leistungs… Ding. Wollen wir's mal vergleichen? Ich hab's genau durchgerechnet. Ich hab's genau durchgerechnet. Wenn ich zum Beispiel, vom Kostenfaktor … wenn ich in Spanien bin, nur ein Beispiel: Brauche ich in Spanien ein Nasivin? Brauche ich in Spanien ein Bronchoritard? Ein Anorak oder ein Blimeau? – Nein! Eine Badehose und eine Unterhose. Also, wesentlich günstiger. Da geht's schon mal los. Und was willst du in Deutschland? Ich sage: »In Germany no future.« Allein bei uns heute, dieser Urlaubsterror. Was das kostet! Ich kann doch nicht jedes Mal, bloß weil ich schon wieder Urlaub hab, schon wieder nach Spanien hinunterfahren. Ja, wer soll denn das zahlen? Und so bin ich schon drunten. Und, Entschuldigung, wenn ich das sag – mir haben's da auch nicht ins Hirn geschissen. Wenn ich in Spanien drunten bin, glaubst du, dass ich nach Deutschland in Urlaub fahre? Nein, nein, also, man muss wirklich die Kirche im Dorf lassen. Spanien ist Spanien, und Deutschland ist Deutschland. Du, pass auf, 's ist gar nicht lange her, da war ich in einem Wirtshaus drin, und da sitzt mir einer vis-à-vis, einer … und zwar … der sagte, dass er mal Spanier war. Vor sechsundzwanzig Jahren war er mal Spanier. Aber er ist dagesessen, hat einen Radi gefressen, also, ganz ein anständiger Mensch. Da kann man nichts sagen. Und da sind wir so ins Reden gekommen. Ja, sagt er, er ist jetzt jahrelang bei uns, er hat auch acht Jahre lang als Arbeitsloser gearbeitet. Aber, er sagt, mit der Rente in Deutschland, sagt er, schaut es mal schlecht aus. Er sagt, die Rente, die er in Deutschland kriegt, sagt er, mit dem Geld in Deutschland dann zu leben – das packt er nicht. Schafft er nicht! Er sagt, es bleibt ihm nichts anderes übrig, als dass er wieder nach Spanien zurückgeht. Aber er sagt natürlich eines, in den sechsundzwanzig Jahren in Deutschland hat er sich zumindest so viele Deutschkenntnisse angeeignet, sagt er, dass er sich jetzt in Spanien mühelos durchschlagen kann. Da hat er keine Probleme mehr, sagt er. Ich muss das sagen, für mich ... Spanien, das ist halt ... ich bin einfach gern atmosphärisch ... jetzt mal unter uns, das brauchst du ja nicht weitersagen, was angenehm auffällt: viel weniger Ausländer wie da! Und wenn wir da runterkommen – in die Wohnanlage, wo mir drin sind –, der Jorge, das ist ein Originalspanier, wenn der uns sieht, dann grüßt er uns schon mit »Heil Hitler!« – das ist wie zu Hause. Das ist super. Und dann sind wir da unten, verstehst du, eine ganze Blosn, ein paar Österreicher, ein Schweizer ist auch dabei. Und dann saufen wir eine Sangria, einen ganzen Swimmingpool voll. Dann singen wir ein paar Lieder, verstehst du. Und manchmal schauen wir uns auch die Tagesschau an. Und wenn dann im Fernsehen der Wetterbericht kommt, und man sieht, dass ein Islandtief daherkommt – dann haben wir da drunten die Bombenstimmung. Also, hasta luego!

DER EUROPÄER

Für mich ist das klar! Man muss meines Erachtens immer schauen, dass man diese, wie soll ich sagen, negativen Einstellungen, das bringt uns doch nicht weiter! Man muss im Leben schon a bissl optimistisch sein, oder? Man weiß ja nicht, was kommt. Und wenn was Negatives passiert, und es trifft das ein, was zu befürchten war, dann hat man auch nichts davon. Stimmt's oder hab ich recht? Man muss sich doch auch einmal überwinden können und einfach Ja sagen. Ja zum Leben schlechthin! Mein Gott, wie oft hab ich in meinem Leben schon Ja gesagt! Ich kann es gar nicht mehr zählen! Sogar Jawohl. *Jawohl!* Und ich mach auch gar kein Hehl draus! Ich stell mich jederzeit hin, da hab ich gar kein Ding ... Ich sage heute ein eindeutiges Ja zum Nein zu Europa.

Moment, nicht jetzt da voreilig, ich meine das auch genau so. Ich selber schau ja – wenn ich schau – Geschichte! Und ich schau, wenn ich schau, viel Geschichte. History! Das interessiert mich. Faszinierend, wie weit das alles zurückgeht. Wahnsinn, wie weit diese Geschichte zurückgeht. Und wenn man meint, jetzt geht aber bestimmt nix mehr zurück, dann geht's noch weiter zurück. Ist schon enorm, oder?

Ich schau mir aber auch amal einen Tierfilm an, so ist es nicht, dass ich jetzt nur Geschichte, ich schau schon amal einen Karpfen an oder einen Hecht, auch einen Haifisch, nicht wahr. Irgend so was. Gern! Warum nicht?

Aber Geschichte ist schon besonders interessant. Grad da merkt man eigentlich auch, was man alles nicht weiß, gell. Oh mei, wir wissen so viel nicht!

Wer weiß denn schon, was allein Bayern für Europa bedeutet. Weiß keiner. Frag amal einen. Keine Ahnung! Derweil ist das nämlich hochinteressant, denn in Europa, in ganz Europa gäbe es heute noch kein Wiener Schnitzel ohne Bayern! Weil wir haben es ja in der Schlacht bei Wien erobert. Oder glauben Sie vielleicht, dass die Türken das Rezept freiwillig hergegeben hätten? Nie! Nein, ich hab nichts gegen Türken, ich hab überhaupt nichts gegen Türken! Die Türken lecken mich am Arsch! Die interessieren mich gar nicht. Sie sind mir wurscht – vollkommen wurscht! Aber das ist es eben, was ich sagen will. Wenn man sich mit Geschichte beschäftigt, dann weiß man das: Wir Bayern, wir waren schon in der Türkei, da hat es noch gar keine Türken gegeben! Weil wir waren ja Byzanz! Das weiß bloß keiner. Wir waren Byzanz, wohlgemerkt.

Und ich sag Ihnen eins, Europa, das fängt schon ziemlich früh an, das muss man wissen. Damals, da sind die einen hereingekommen, wo die anderen noch gar nicht da waren, und diese Griechen und die Päpste! Weil man muss sich vorstellen, dieses Europa war ja höchst waldreich, und das war ja überhaupt die Voraussetzung, dass man diese Hexen dann auch verbrannt hat. So muss man sich dieses Europa vorstellen. Ein bissl ein Niveau muss man schon mitbringen!

Wenn wir jetzt dieses Europa überhaupt haben wollen würden, nicht wahr, dann müssen wir auch dieses europäische ... Erbe, das wir haben, diese Traditionen, wie soll man sagen, die muss man dann auch benutzen und pflegen, oder? Aber das wird jetzt wahrscheinlich zu abstrakt.

Dann machen wir es eben konkret: Sie wollen ein Einfamilienhaus bauen. Sie haben noch keins. Also, hinein ins Bauamt. Da hockt so ein

Gschwollschädel drin und blockiert alles – nichts geht! Also was tun? Einen Anwalt nehmen? Das kann man schon machen. Nimm einen Anwalt! Mach das. Klar. Aber das sag ich dir gleich, dann baust du kein Haus mehr. Der Anwalt schon, aber du nicht. So! Worauf will ich hinaus? Ich will darauf hinaus, dass ich sage, du musst eben diese europäischen Rezepte anwenden!

Du nimmst ein Buch, eine Schwarte. Also so was, was man halt nicht liest, ich weiß auch nicht – *Schuld und Sühne*, irgend so was halt. So, und dann tust du da Geldscheine einsortieren, gehst zu dem Beamten hin, gibst ihm das Buch und sagst: »Schauen Sie amal hinein!« Dann macht der auf und sagt: »Hochinteressant!« Dann sagst du zu dem Beamten: »Da müssen Sie erst amal auf Seite 200 schauen, da wird's noch spannender!« – Auf alle Fälle, der Bau geht wie geschmiert, und es hat noch einen Vorteil: Der Beamte liest wieder einmal ein Buch. Aber nicht, dass Sie meinen … Mit Korruption hat das nichts zu tun. Das ist eine uralte bayrisch-byzantinische Tradition. Das ist Europa, verstehen Sie? Europa! Das ist ein Geben und Nehmen. Das sollten sich vor allem diese Engländer einmal merken.

Nimm diese Engländer! Jawohl, sie sind Europäer. Sie haben in ihrer Geschichte viele Schlachten geführt und sie haben auch viele gewonnen. Jetzt haben sie grad wieder ein Jubiläum gefeiert, die Schlacht von Trafalgar, die haben ja sie gewonnen. Sie haben riesig gefeiert. Ich meine, das zahlen ja wir mit. Nichts dagegen. Aber jetzt sage ich: Wenn ich das nicht nur als Engländer feiere, sondern als Europäer, ich meine, wir Deutsche sind auch Europäer, dann haben halt wir auch a bissl mitgewonnen, oder? Nicht bloß die Engländer. Warum sollte man dann in Rosenheim keinen Trafalgar Square hinstellen? Wir Deutsche haben auch Schlachten geführt. Wir haben halt keine gewonnen. Aber wenn diese Engländer einen Anstand hätten und europäisch denken täten, dann hätten sie halt in Stalingrad auch ein bissl verloren. Wir müssen umdenken – und zwar revolutionär!

Die deutsche Geschichte kennt man ja. Aber europäisch betrachtet, muss man sie aus einer anderen Perspektive betrachten: Da droben, in dieser Normandie – natürlich weiß man, wie das ausgegangen ist, als Deutscher weiß man das! Aber europäisch betrachtet, haben wir Deutsche in dieser Normandie doch gemeinsam mit den Alliierten die Nazis besiegt, oder?

Neulich war ich im Wirtshaus. Wann war das jetzt? Ich glaube ... gestern! Jawohl, sitzt da an meinem Tisch so ein Typ. Ich komm mit ihm ins Reden. Stellt sich heraus, er war ein Finne. Sag ich: »Was sind Sie? Ein Finne?« »Ja«, sagt er, er ist ein Finne. Sag ich: »Ja, verreck!« Weil, ich hab noch nie einen Finnen gesehen! Ich kenne Neger, Chinesen, Asiaten, Indianer, Tschuschen, alles Mögliche, aber Finnen habe ich noch nie gesehen. Sag ich: »Sind Sie wirklich ein Finne?« »Ja!«, sagt er, er ist einer. Er war glaubwürdig, weil auf seinem Bierdeckel waren achtzehn Schnaps droben! Dann ist mir das überhaupt erst gekommen: Finne, denk ich, Finne? Die gewinnen doch immer dieses Pisa! Und dann hab ich ihn direkt gefragt: »Sie, wenn Sie ein Finne sind, sind Sie wirklich so gebildet? Sind Sie wirklich so gescheit?« Dann sagt der: »Ja, das stimmt.« Pass auf, Bruder, hab ich mir dann gedacht, das möchte ich jetzt schon sehn, ob du so gescheit bist, und hab ihm eine Frage gestellt, ganz eine einfache Frage. Ich hab gefragt: »Wenn Sie ein Finne sind, dann bitte sagen Sie mir: Kennen Sie die Schlacht von Ampfing?« Haha! Genau! Keine Ahnung, der Hanswurst. Verstehen Sie? Also, da sieht man's doch, wie wir in Bayern beschissen werden! Das ist ja unglaublich. Der Pisa-Sieger kennt nicht einmal die Schlacht von Ampfing. Das ist ein Skandal, im Grunde. Die Schlacht von Ampfing kennt doch bei uns schon jedes Kind. Die kennt wirklich ein jeder, weil das die einzige Schlacht ist, wo wir gewonnen haben. Und heute im Nachhinein – jetzt ist mir das überhaupt erst klar: sind wir froh, dass wir die Schlacht von Ampfing gewonnen haben! Denn wenn wir die auch noch verloren hätten, dann wären wir heute allesamt Österreicher.

Und bitte, wo fahren wir denn dann zum Tanken hin?

Wissen Sie, ich sag halt so: Wenn ich Europa will, wenn ich das wirklich will, nehmen wir mal an, ich will's, dann brauch ich doch Europäer dafür, oder? Nicht so Provinzler. Mit Provinzlern kann man doch kein Europa bauen. Da brauch ich Leute, die einen Stil haben. International Flair! Die, wo einen Horizont haben, gell. Da brauch ich Leute wie einen Hinrainer Rudi zum Beispiel.

Doch, der Rudi, der ist für mich ein Europäer, durch und durch. Er kann zwar kein Englisch, aber er frisst einen Sushi. Er tut auch Nordic Walking. Er war in Kuba beim Diven. Er sauft einen Bardolino. Fährt einen Mitsubishi. Der ist voll auf Europa! Außerdem ist er sowieso international, weil er ist ja mit einer Thailänderin verheiratet. Seine Frau ist eine Thaifrau! Und zwar schon die dritte. Warum? Das ist nämlich auch interessant. Das ist jetzt zwar ein anderes Kapitel, aber der Rudi sagt, die Thaifrauen sind zum Anschauen wirklich anmutig – aber haltbar sind sie nicht. Er sagt, er hätte jederzeit aus seiner Sicht auch eine europäische Frau geehelicht. Das wäre ihm wurscht gewesen. Polin, Ungarin – scheißegal, sagt er. Aber jetzt kommt es – er sagt: Die europäische Frau hat sich seiner Meinung nach mit ihrem enormen Selbstbewusstsein im Grunde selber sehr geschadet. Gell. Das sag nicht ich, das sagt der Hinrainer Rudi!

Und jetzt noch was, ich mein, mit dem Europa. Das ist doch ein uralter Traum. Da haben doch schon die Griechen davon geträumt, von diesem Europa. Neu ist das nicht. Aber, ich frag Sie: Muss ich jeden Traum verwirklichen? Muss ich das? Muss ich jeden Traum in die Wirklichkeit umsetzen? Schauen sie, meine ... Frau, die träumt jetzt schon – ach, zehn Jahre reicht gar nicht, dass sie von einem neuen Schlafzimmer träumt. Excuse me – ich brauch keins! Aber ich lasse meiner Frau ihre Träume – verstehen Sie? Das hat einen Riesenvorteil: Ich kann besser schlafen, und sie hat noch einen Traum!

APROPOS AFRIKA

Helga I. interviewt Herrn Raimund G.

H.I. Ich möchte mich ausdrücklich bei Ihrem Sponsor bedanken, dass dieses Gespräch möglich geworden ist.
R.G. Worum geht's?
H.I. Ich hätte gedacht, Sie wüssten bereits...!
R.G. Keine Ahnung! Die Reifen?...
H.I. Nein, nein ... Afrika!
R.G. Afrika?...
H.I. Nun ja, ... es ist doch das dritte Mal, dass Sie Paris-Dakar ...
R.G. Ich liebe Afrika!
H.I. Ja??!!
R.G. Sicher! – Es wird von uns alles verlangt. Allein der Staub! Was wir in Afrika Staub fressen! – Und die Hitze! – Aber was tut man nicht alles!
H.I. Aber die zivilisatorische Diskrepanz hat doch ...

R.G. ... vor allem Kilometer! – Und jeder Kilometer hat's in sich. Man sieht ihn zwar nicht, weil man sich konzentrieren muss, verstehen Sie! – Düne rauf – Düne runter, rein ins Wadi, ... aber wie? Raus aus dem Wadi! – Überall Hindernisse!

H.I. Hindernisse? Inwieweit ...

R.G. Lebewesen meinen Sie? Also Viecher! Gazellen, Kamele, Watussi – die Leute sind auch wirklich verrückt. Es gibt immer noch – also bei aller Begeisterung für das Rennen, aber ohne Büffelfänger! – Wenn es einen Schlag tut, dann – also ich rede jetzt ausschließlich aus der Sicht des Piloten ...

H.I. Aber gibt es nicht so was wie Verantwortung?

R.G. Sie sind gut! – Man hört doch nicht, was man überquert! – Dakar! Verstehen Sie! – Das Ziel ist Dakar!

H.I. Aber es könnte doch sein, dass Sie auch einmal einen Zuschauer überfahren?

R.G. Ist diese Frage mit dem Sponsor abgesprochen?

H.I. Ich weiß nicht ...?

R.G. Sehen Sie – das Büffelgitter! – Ja was glauben Sie, was da manchmal alles drinhängt!

Halb Afrika! Ha ha! War nur ein Scherz, tut mir leid, aber ich kann mir schon denken, was Sie für Ihre Zeitung wollen, aber ich bin Pilot! Für mich ist Afrika eine Piste, ich muss da durch – und zwar mit high speed! –, ich sag das ganz neutral.

H.I.   Sieht das der Sponsor auch so?

R.G.   Sicher doch, klar – und der Fernsehzuschauer auch – eine ganze Industrie! Im Klartext – wenn einer Afrika als Kulturdings sieht oder irgendwie politisch – soll jeder machen wie er will. Ich will nur durch!

H.I.   Danke für Ihre Ausführungen.

R.G.   Ach ja ... geben Sie doch bitte dem Sponsor das, was ich jetzt gesagt habe, nicht dass ich was Falsches gsagt habe und dann irgendwie was Falsches drinsteht!

H.I.   Geht in Ordnung!

BENEFIZ

Also, die Frau Dr. Beuschl, das ist die Frau vom Dr. Beuschl, die hat das Milchpulver besorgt, weil ihr Schwager, der heißt auch Dr. Beuschl, der sitzt in so einem Ministerium, wo die das Milchpulver irgendwie, äh … Weil das ist schon länger her, dass das Milchpulver angeblich verstrahlt war, und … aber da war nichts, weil ja ein Minister selber das Pulver probiert hat und gesagt hat: Also, das Pulver ist einwandfrei, und dann haben sie einen Teil davon nach Norwegen als Lachsfutter – jedenfalls von diesen Beständen ist das Milchpulver. Fein, haben wir gesagt, dann bringen wir jetzt das Zeug persönlich nach Albanien! Weil, was die da drunten jetzt brauchen, ist Eiweiß! Weil bei denen fehlt es ja hinten und vorne an allem. Aber die Frau Dr. Beuschl hat zur Eile gemahnt, weil sie sagt, wenn wir uns nicht schicken, dann sind die vom Lionsclub wieder früher da, und was macht denn das für einen Eindruck!

Wir haben dann die Route festgelegt, wir, das heißt, die Frau Dr. Beuschl, ich, die Frau Rechtsanwalt Gebhardt, der Herr Mitschulla von dem Computergeschäft und die Frau Eierling, wir haben dann den Flug angetreten nach Tirana. Jetzt sagt die Frau Dr. Beuschl: Ja aber, wo übernachten wir denn? Weil in Tirana wird's schwierig. Na ja, das macht nichts, hat die Frau Eierling gesagt, dann fliegen wir halt über Italien wieder zurück, und außerdem, die vom Lionsclub können dann ja auch nicht in Tirana übernachten! Der Mitschulla hat das jedenfalls organisiert, dass, wenn wir dann in Tirana sind, ein paar Kinder da sind zum Fotografieren und so, für die Presse, und dass's klar ist, dass das Milchpulver von uns ist. So! – In Tirana angekommen – ein Chaos! Also, das heißt, Kinder waren schon da, aber wo ist das Milchpulver? Die Frau Dr. Beuschl ist gleich zu denen vom Roten Kreuz: Ja, wo ist das Milchpulver? Ja, sagt der, er weiß es nicht! Er hat schon etwas von einem Milchpulver gehört, aber er sagt, seines Wissens nach wurde das Milchpulver in einem Lager verteilt, das vom Lionsclub betreut wird. Wir haben natürlich protestiert: Das ist ja eine Unverschämtlheit! Mir haben gesagt: Das kann ja gar nicht wahr sein! Wo soll denn der Lionsclub plötzlich so ein Milchpulver herbringen? Des ist doch impertinent, sich mit fremden Federn schmücken! Die Frau Eierling hat gesagt: So sinds! Das ist der Lionsclub! Mehr Beweise braucht man nicht! Das ist Erste-Hilfe-Leistungsunterschlagung! Die Frau Dr. Beuschl war ebenfalls völlig außer sich, aber sie sagt, wir können nichts machen, und meint halt, auf alle Fälle haben wir die Fotos mit den Kindern! Und der Mitschulla hat gesagt, er hat über den Mischlaa ein Fünf-Sterne-Hotel bei Florenz gebucht, wo wir dann das Albanienabschiedsbankett abhalten können. Er sagt, die sind berühmt für den Pollo al limone, und außerdem machen sie diese Involtini mit einer Kräuterfüllung, das ist Toscana hoch drei! – Also, will sagen, wir hatten uns beruhigt, und jetzt – halten Sie sich fest! Wir kommen zum Hotel, nach einem Flug über Bürdiz – was war? Das ganze Hotel besetzt, total ausgebucht vom – sagen Sie's –, vom Lionsclub! Die Frau Eierling ist fast zusammengebrochen, kreidebleich der Mitschulla. Er sagt: Das gibt es nicht! Der Hoteldirektor sagt: ein Versehen. Er hat uns mit denen vom Lionsclub verwechselt. Er hat Albanien gehört und Benefiz und – also nein! Aber warten Sie, es kommt noch dicker! Einer von den Lionskonsorten hat sich herabgelassen, mit uns zu reden. Angeblich tät's ihm auch leid, aber sie wären da, um nach Osttimor zu fliegen, weil … Ich hab gsagt: Wollen Sie da etwa auch unser Milchpulver verteilen? Sagt er: Nein, sie wollen ein Kind adoptieren. Die Frau Eierling sagt: Da, die greifen zu allen Mitteln! Die Frau Dr. Beuschl hat gmeint, sie ist grundsätzlich bereit, alles nur Menschenmögliche zu tun gegen diese Leute, aber ein Kind adoptieren – das geht zu weit!

Aber jetzt werden Sie mich kennenlernen! Ich bin so weit! Ich adoptier ein Kind! Mein Mann wird gar nicht lang gfragt. Oder ich adoptier auch zwei Kinder. Und dann ruf ich den Redakteur Scheelmeier vom *Heimatboten* an. Das kommt in die Zeitung! Und wenn das nicht genügt – auch drei Kinder! Und dann werden wir schon sehen wer da wohltätig ist!

DER
BÜRGERMEISTER
VON MOSKAU

1. BRUNNHOF-STAMMTISCH

Wirtin Thea räumt am Stammtisch leere Gläser ab.

SEPP Eine Runde auf meine Rechnung, und dem Noagarlzuzler stellst aa a Quartl hi.

THEA Also fünf Helle und a Kloans.

SEPP Ja, genau.

HORST Mir fei a Weizen.

GERHARD Ja, dieses Freibier, also des Freibier, des is, des is, mei, ma kann fast sagen – Freibier is was revolutionäres. Wissen Sie, de Gschicht hat angfangt, mir warn im Brunnhof am Stammtisch ghockt, neber mir is gsessen der Peukert, gell Horst, du bist neber mir gsessn …

HORST Ja, i bin da gsessn.

GERHARD Der Fischer Otti war dabei, der is da gsessn, dann war dabei der Waginger Schorsch.
SCHORSCH Thea, wie schaugts'n aus mit'm Bier?
THEA I kimm scho.
GERHARD Der Schorsch hat scho seine sechs Halbe im Bauch ghabt ...
THEA Der hat scho zwoa Halbe mehr ghabt, der hat ... *In die Kamera.* ... der hat scho zwoa Halbe mehr ghabt, aber er vertragt einiges, der Schorsch.
GERHARD Dann war anwesend der Maier Sepp, der hat an Gebrauchtwagenhandel.
SEPP Neiwagen aa, also i besorg Ihnen an jeden Wagen a so, wias an ham wolln.
GERHARD Er besorgt Eahna wirklich jeden Wagen a so, wias'n wolln ...
HORST Ja, des stimmt.

Achim Holz ruft aus dem Hintergrund.

HOLZ Ich war auch dabei, als die Sache losging.
GERHARD Ja, is scho recht, Noagarlzuzler. Mir hoaßn eahm Noagarlzuzler, er woaß gar net was des bedeit, a Noagarlzuzler, des is oana, der die Bierreste anderer Gäste zusammenschüttet, gell Noagarlzuzler! Er gfreit si allweil, wenn ma eahm so nennt.
HOLZ Ja, man nennt mich hier Norgerlzuzler.

GERHARD Ja, ja, is scho recht, jedenfalls aah, wie erklär ich Ihnen des jetzt, hmmm, mir ham halt so gred, so über die Weltlage und so übern Russen im Allgemeinen, raketenmäßig und so halt, und na hat der Maier Sepp nachad gsagt …

SEPP Dene rotn Hund miaßat ma amal …

GERHARD Naa, halt, da Fischer Otti hat des gsagt.

HORST Ja, der Otti war's.

THEA So, eine Runde. Des Weizen fürn Horst, fürn Schorsch no a Halbe. *In die Kamera.* Des is jetzt die Neunte!

HORST Da Otti hat des gsagt.

OTTI Des hab i gsagt. I hob gsagt: Dene rotn Hund miaßat ma amoi a Freibier ausschenga, dass aa amal was ham, na warn de vui gmiatlicha.

SEPP Ja, aber drauf kemma is er bloß, weil i a Rundn Freibier spendiert hab.

GERHARD Ja, wenn der Sepp des Freibier net spendiert hätt, na warn mia nia drauf kemma.

HORST Ja, des stimmt.

GERHARD Naja, mir ham dann eigentlich über was anders gred …

HOLZ Über Japan.

GERHARD Aah, brauchen S' gar net hihörn, was der sagt.

HOLZ Doch, über Japan wurde gesprochen.

GERHARD Der Kerl bringt mi ganz durchananda, also mir ham na über was anders gred, wi ma halt so red.

SCHORSCH Thea, noch eine Halbe.

GERHARD Ja Herrschaft, der hat heut an Zug drauf. Jedenfalls hat nachad da Otti gsagt, er kennt an Herrn Zapf von der Doldenbrauerei, und er dad an Herrn Zapf fragen, ob der net des veranlassn kannt, dass ma am Russen a Bier ausschenga kannt in Form von Freibier.

OTTI Weil ich kenn an Herrn Zapf scho länger, persönlich, ich hab auch a paar Aktien von der Doldenbrauerei, gell, des hab ich nebenbei einfließen lassen, gell, und der Herr Zapf hat mir nachad gsagt: Otti, sagt er, kein Problem, a paar Fassln is uns der Russ allweil no wert, und vielleicht werd's aa no a Gschäft.

SCHORSCH Aja geh, geh, des werd doch nia was, de Russn lassn eich doch gar net nei. Mir san ja net amal mit unsere Panzer nei kemma.

GERHARD Eben, mit de Panzer net, aber vielleicht mit am Bier.

SCHORSCH Mir warn ja scho bis kurz vor

Moskau, minus dreißig Grad … *In die Kamera.* Des wissn die ja gar net, was eine Stalin-Orgel is, des wissn de ja gar net. Oder!? Es warts ja noch nia da drunt. Mir warn ja scho bis kurz vor Moskau, i kenn mi aus. Minus dreißig Grad.

GERHARD Also was Russland anbelangt, kann ma mit'm Schorsch überhaupt net redn.

SCHORSCH Dreißig Grad unter Null.

SEPP Des muaß ma aa verstehn, weil der Schorsch war ja scho drübn. Bis kurz vor Moskau.

HORST Ja, des stimmt.

THEA So, eine Halbe. Des is jetzt de Nummer Zehn. *In die Kamera* Jetz san's zehn Halbe. Kriagt sonst no wer aa no was?

HOLZ Ja, ich sollte doch noch ein kleines Helles bekommen.

GERHARD Da, i sag's Eahna, dem leid's koa Halbe.

THEA Ahja, des kloane Helle, des hob i vergessn. Gleich, Herr Holz.

SCHORSCH Es habts ja alle mitanand keine Ahnung, was des für Verhältnisse san, des hat net amal da Napoleon gschafft, es brauchts mir doch von Moskau nix vazähln, oder …

GERHARD Geh weider Schorsch, san ma wieda guat …

SCHORSCH Na, des muaß amal gsogt wern, und des sog i eich, da hat der Strauß scho recht, de mit eahnan Polen …

GERHARD Ja, is ja recht Schorsch. *In die Kamera.* Jetz werd er ungmiatlich. Thea, zahln.

HOLZ *will sich an den Stammtisch setzen* Aber Schorsch.

SCHORSCH Und du haltst glei dei Maul, du Noagarlzuzler. Schaug, dass'd weiter kimmst. Dad er si do am Stammtisch hihocka.

GERHARD *im Gehen* Naja, an dem Abend war dann aa nimmer vui los, mir san alle ganga, und vo Moskau hat eigentlich koana mehr gred. Mir ham des mehr oder weniger alle praktisch scho vagessn ghabt. *Gerhard ist draußen am Brunnhof angekommen und macht sich auf den Heimweg.* Aber ungefähr 14 Tag später is der Otti mit einem Mordsschwung zur Tür rein kemma.

2. BRUNNHOF-STAMMTISCH

OTTI Also was is, alles klar, wer fahrt jetz mit vo eich?

HORST Was, wia?

OTTI Da Zapf hat des Bier scho kalt gstellt.

GERHARD Welcher Zapf? *In die Kamera.* Mir ham des scho wirklich total vagessn ghabt.

OTTI Des is ois arranschiert, mir kenna nach Moskau fahrn. Freibier fürn Russen, ham mir doch ausgmacht.

HOLZ Ja, es war abgemacht, ich war dabei.

SCHORSCH A so ein Depp.

SEPP Ja, aah, ja wann war na jetz nachad des?

OTTI Ende September, Datum kemma noch aussuacha.

SEPP September – auweh, da schaugt's schlecht aus, oh oh oh oh oh.

GERHARD Mir alle warn eigentlich gar net drauf gfasst, dass des was werd.

OTTI Wenn mer nüber fahrn, solln mer vom Landrat Gröbel an schönen Gruaß ausrichten, hat er gsagt.

GERHARD Der Gröbel is unser Landrat.

HORST Ja, des stimmt.

THEA Schorsch, was is, Moskau?

SCHORSCH Ah!

THEA Wenns nüber fahrts, na bringts ma aber alle was mit.

ALLE *durcheinander* Ja, ja, is scho recht, natürlich, *usw.*

THEA Was is, mogst no a Halbe?

SCHORSCH Ja, oane zwick i no.

THEA *in die Kamera* Mein Gott, der sauft was zam.

OTTI Ja was is denn los mit eich, fahrt denn do koana mit?

HOLZ Tja, ich bin dabei.

OTTI Di hot koana gfragt.

SCHORSCH Nehmts an Noagarlzuzler mit und lassts'n glei drüben, damit da Russ aa was zum lacha hat.

GERHARD Von uns hat eigentlich koana so richtig Zeit ghabt nach Moskau, oder sagn ma amal mögn, wenn net da Berti gwesn war.

BERTI *hat bisher noch nie einen Ton gesprochen.* Mir kanntn ja mitfahrn, mit da Blaskapelln.

GERHARD Des hat da Berti gsagt, des hat eigschlagn. Der Berti war im Endeffekt der Motor von dem Ganzen, mir ham uns nachad denkt, mir kanntn dene Russn nachad noch musikalisch irgendwie, gell …

HORST Ja, des stimmt.

THEA Gell, und bringts ma fei was Gscheits mit aus Moskau.

ALLE *durcheinander* Ja, natürlich, *usw.*

GERHARD Also, durchn Berti is die Sache praktisch in Schwung kommen, da Horst kann des bestätigen, gell.

HORST Ja, des stimmt.

GERHARD Und nachad san ma nüber nach Moskau.

3. MOSKAU

Kosmos-Denkmal, im Hintergrund Hotel Kosmos.

GERHARD Des is jetz praktisch da hintn unser Hotel, und des is Moskau. Mir san da sehr individuell untergebracht, des Hotel heißt Kosmos, also Kosmos auf russisch. Es is also anders als ma sichs ursprünglich vorgstellt hat, es kannt aa in Amerika sei, aber an der Schrift erkennt ma halt, weil des kann kein Mensch lesn, oder da, kenna Sie des lesn? *Zeigt auf kyrillische Denkmalschrift!* Sehn S' es? Außerdem is des Hotel Kosmos bloß in Moskau. Also ich wohn da, wenn S' amal schaun, im 14. Stock, es 17. Fenster von links, da bin ich, also und da Horst, also ma is sehr nett untergebracht.

4. HOTELZIMMER

Peukert sieht fern.

GERHARD Farbfernseher, Bad, Toilette, alles da, i war scho amal in Mainz in am Hotel, Richters Eisenbahnhotel, aber da muss i sagn, da is des hier direkt besser, also ich mein, vom Fernsehprogramm her hat ma hier natürlich net vui, weil ma versteht ja nix, aber auch des Frühstück is international: Semmeln, Butter, Marmelad, Kaffee oder Tee.

HORST Ja, des stimmt, Kaffee oder Tee, wie ma will.

GERHARD Glei neba uns is da Otti und der Maier Sepp untergebracht.

5. ZIMMER – MAIER SEPP UND OTTI

Otti sieht fern, Maier Sepp verstaut im Koffer zwischen Videokassetten und Strumpfhosen die ersten Büchsen Kaviar.

SEPP *in die Kamera* Da, schaugn S' her, Kassetten, Strumpfhosen, Armbanduhrn, lauter so Zeig, da san de unheimlich hoaß drauf. I dausch aber nur gegen Kaviar und alten Schmuck.

Wenn oana mit Rubel daherkimmt, no sag i grundsätzlich njet, weil da Rubel is ja garkoa Währung in dem Sinn.

6. DEVISENKAUFHAUS

Gerhard kauft einen Mischa, einen russischen Bären.

GERHARD *in die Kamera* Sie, des ist zwar alles mit Rubel ausgezeichnet, aber die nehmen bloß DeMark oder Dollar, also da Rubel gilt net viel in Russland, bei uns gilt er ja garnix.

7. MOSKAU – AUSSEN

Musikeinsatz.
Mehrere Moskauer Schauplätze. Die Blaskapelle spielt. Bierfässer sind aufgestellt. Stammtischleute in Tracht. Dazu Gerhards kurze Statements, was es zum Essen gegeben hat, dass er sich den Fuß verknackst hat usw.
Letzter Standort, wo der Empfang stattfinden soll.

GERHARD Sie, in dene paar Tage sind mir ganz schee rumkomma, muaß ma scho sagn, hochinteressant.

HORST Ja, genau.

GERHARD Roter Platz, Lenin Mausoleum, alles da, wia ma's halt kennt von dene Bilder, und dann wars soweit, dann is er kemma, persönlich, der Bürgermeister von Moskau, zu uns, zum Anzapfen. Dolmetscher war dabei, weil er, der Bürgermeister, spricht bloß russisch. Grundsätzlich.

Der Bürgermeister Borisov labert russisch, der Dolmetscher übersetzt.

DOLMETSCHER Wir freuen uns, Sie hier in Moskau begrüßen zu dürfen ...

BORISOV *Russisch, laber, laber, laber.*

DOLMETSCHER Herr Bürgermeister Borisov hat schon viel über das bayerische Bier gehört und freut sich, heute die Möglichkeit zu haben, original bayerisches Bier zu trinken.

Er sieht dies als Zeichen der internationalen Verständigung der Völker für Frieden und Freundschaft ...

GERHARD Ja, ungefähr so hat der gred, und na ham mer gmoant, jetz geht endlich was mit'm Bier, aber na hat der Otti gred.

OTTI Sehr geehrter Herr Bürgermeister, verehrte Anwesende.

Der Dolmetscher übersetzt wieder ins Russische.

OTTI Es freut uns, dass wir die Möglichkeit wahrnehmen konnten, hierher zu kommen, und es würde uns freuen, wenn Ihnen unser bayerisches Bier dann auch schmeckt.
Ich darf herzliche Grüße vermitteln vom Herrn Ökonomierat Zapf, er hat gemeint, wenns Bier nur schmeckt, dann soll's recht sein ... *usw.*
GERHARD Also, Sie, mir ham alle gmeint, jetz gibts glei a Bier, aber des hat si fei ganz schee lang hinzogn mit dene Reden und Gegenreden und dieses ständige Gegrüße.
Ein höflicher Applaus.
SEPP Vom Gröbel muaßt'n aa no grüßen.
OTTI Ja, genau, fast hätt ich's vergessen, ich soll auch die herzlichsten Grüße vom Landrat Gröbel ausrichten an Sie, und an Moskau, aber auch an seine Bevölkerung, und es würde uns freuen, wenn Sie dann auch amal wieder bei uns im Heimatwinkel vorbeischaun könntn, äh würden.
GERHARD Geh weiter Horst, zapf o.
Horst zapft an.
GERHARD So, jetz war's soweit, des war der Höhepunkt. Freibierausschank in Moskau. Der Schorsch wenn dabei gwen waar, na hätt er gspitzt. Da Bürgermoaster hat an jedem

von uns die Hand geschüttelt und a Abzeichen von Moskau gschenkt. *Zeigt Abzeichen.* Da schaun S', da stehts drauf auf russisch. Und der Berti und de andern Musiker ham nachad oan aufgspuit, und der Sepp hat des alles fotografiert. *Man sieht das alles.* A kleine Panne hat's dann doch noch geben: Der Herr Bürgermeister war unheimlich scharf auf die Aufkleber 'Alles Frisch', de wo mir da zur Gaudi auf die Fassln naufbappt ghabt ham. Mir wolltn ihm nachad die Aufkleber schenken, gell, na hat's scho oana runter stibitzt ghabt. Na is da Otto extra nochmal ins Hotel gfahrn, da hat er noch an Aufkleber gfundn 'Let's go West', da war er dann ganz begeistert, der Bürger-moaster.

Man sieht Otti, wie er den Aufkleber überreicht und ein paar Anstecker der Doldenbrauerei.

OTTI Da schaun S' her, des is die Brauerei, wo mir des Bier her ham, des is die Doldenbrauerei in Miesbach.

Dolmetscher übersetzt alles.

GERHARD Er war überhaupt begeistert, des Freibier, und dann der Aufkleber, und der Sepp hat des ois fotografiert.

8. BRUNNHOF-STAMMTISCH

Man sieht die Stammtischrunde nur von hinten.

SEPP Und de Kamera hob i nachad no am Flughafen gegen 3 Kilo Kaviar eidauscht. I hob ja scho ois fotografiert ghabt, da, des is unser Hotel, wo mir gwohnt ham, as Kosmos.

THEA Und wie war dann's Essen?

SEPP Also wegam Essen dad i ned no mal hifahrn.

GERHARD Aber's Frühstück war international.

HORST Ja, des stimmt.

GERHARD War alles da: Semmeln, Butter, Marmelad, Tee oder Kaffee, also wia ma wolln hat.

SEPP Also für a First Class Hotel scho eher mager. Zwoa Rolltreppen, und so lang mir da warn, is koane ganga, und ma hat aa net gseng, dass da oana was repariert hätt.

THEA Ham die do nix repariert?

SEPP Naa, nix. I war scho in Chicago, und in am First Class Hotel da warn solchene Zuständ absolut undenkbar. Aircondition hams aa koane ghabt. Was is da bitte First Class?

GERHARD Da Sepp is viel gereist der war scho zwoamal in Windhoek.

SEPP Japan, Baja California, kenn i ois.

OTTI Aber sonst, was die so zum Bieten ghabt

ham, des ham die dann auch geboten. Also des muaß ma scho sagn, des war doch interessant, was oam da ois geboten werd.

THEA Weil i grad naus geh, kriagt vo eich no oana a Halbe?

SCHORSCH Mir bringst oane.

THEA Horst, was is mit dir?

HORST Ja, oa Weizen.

GERHARD Also wia mir dann die Fotos zeigt ham, des hat dann praktisch überzeugt, des war dann der Beweis. Aah, Sepp, hast des Foto, da wo mir alle drauf san mit'n Bürgermoaster?

SEPP Sowieso. *Zeigt Foto.*

GERHARD Der Sepp is natürlich net drauf, weil er des Foto geknipst hat, aber er war scho aa dabei.

HORST Ja, des stimmt.

Thea kommt mit den Bieren an.

THEA So, da dei Halbe, da dei Weizn.

GERHARD Äh, Thea, pass amal auf, i hab was für di. Kimm amal mit.

Gerhard und Thea gehen in die Küche.

GERHARD Da schau her.

Gerhard überreicht ein Päckchen. Thea packt einen Mischa-Bären aus.

THEA Mei, der is aber nett.

Thea stellt den Mischa-Bären neben vier andere Mischa-Bären.

GERHARD Wo hast'n die her?

THEA Der do is vom Sepp, der is vom Horst, der vom Otti und der da von Berti.

GERHARD Ja, aber in Russland gibts aa nix anders.

9. IN DER GASTSTUBE

SCHORSCH Na, habts eich recht aufgführt in Moskau, aber der Russ is allerhand gwohnt, dem kimmts auf eich aa nimmer drauf zam.

OTTI Waarst halt mitgfahrn, na hättst es selber gseng. Die ham des Bier obazuzeln, da waarst du scho bald nimmer mitkemma.

HOLZ Der Russe trinkt ja sonst im Allgemeinen nur klare Sachen, Wodka, Schnäpse und so.

OTTI Geh, red doch du net, du warst ja gar net dabei.

SCHORSCH Aber des stimmt fei scho, der Russ, der mog an Schnaps.

HORST Ja, des stimmt.

HOLZ Ja eben, sag ich doch.

GERHARD Aber der Schorsch war scho in Russland und du no net.

THEA Geh lassts doch an Herrn Holz in Frieden, da, Ihr kleines Helles.

HOLZ Danke. Die Ukrainer trinken auch gern klare Schnäpse.

THEA Jaja, is scho recht. *Geht wieder zum Stammtisch.* Also nachad – zum Wohlsein.

HOLZ Nasdrowje!

Keiner reagiert.

THEA Und – wann kimmt jetz euer Bürgermoaster?

SCHORSCH Ja, der kimmt extra da her, dass er bei dir da herin Salzstangerln frisst.

THEA Der kon aa an Schweinsbraten ham oder a Leberknödelsuppn oder russische Eier.

OTTI Gsagt hat er, dass er kimmt.

SCHORSCH Da Russ, wann der kimmt, dann kimmt er anders als wia ihr eich des vorstellt. Da machts huiiit – und dann is aus mit'n Freibier.

GERHARD *in die Kamera* Naja, des is nachad noch a ganze Zeit hin und her gegangen – kommt der Russe, kommt er nicht, wie kommt er, das heißt genauer gsagt, kommt der Bürgermeister von Moskau – aber an dem Abend warn die Meinungen bis zuletzt diverser Natur. Mir warn in Moskau, mir haben ein Freibier ausge-

schenkt, mir haben musiziert, der Bürgermeister war da, die Grüße vom Landrat Gröbel wurden überreicht, die Einladung wurde ausgesprochen, das alles lässt sich beweisen.
Der Bürgermeister hat auch persönlich seinen Gegenbesuch angekündigt.
Ob er jetz aber wirklich kimmt, des liegt meines Erachtens im Ermessensspielraum des Bürgermeisters von Moskau selber, des heißt, es bleibt im Bereich des Spekulativen, bis er dann da war.

HORST Ja, des stimmt.

10. BRUNNHOF – AUSSEN

Ein großes Willkommens-Schild in Deutsch und Russisch hängt über dem Eingang.

GERHARD Was also keiner für möglich ghalten hat, die Russen ham an Landrat Gröbel wissen lassen, dass sie im Anmarsch sind, und mir warten jetz also hier, weil die miaßatn eigentlich jeden Augenblick kommen. Im Grund genommen miaßtns scho da sein.

Ein Auto kommt.

GERHARD Da, des is unser Bürgermeister von

St. Öd, jetz geht's auf, wenn der kimmt, kennan de Russen nimmer weit sei.

11. BRUNNHOF – INNEN

THEA So, ein kleines Helles fürn Herrn Holz.
HOLZ Danke. Sagen Sie mal, Frau Gruber, ich meine, mich geht das ja eigentlich nichts an, aber finden Sie nicht, dass der Schorsch schon ein bisschen viel getrunken hat?
THEA Ja, neun Halbe, des is doch normal bei dem.
HOLZ Tja, aber das sind doch hohe Staatsbeamte aus der Sowjetunion, wie wollen Sie das machen?
THEA Was?
HOLZ Was macht'n das fürn Eindruck, das ist dann deren Bild von Deutschland.
THEA Ah so moana S', ja mei, ja äh, da hob i ja no gar net …
HOLZ Ja eben, nichts gegen den Schorsch, aber der passt hier nicht dazu.
THEA Jaa, daaa … äh, i schaug amal. Du, Schorsch …
SCHORSCH Bring ma no a Halbe und a Kasbrot.

THEA I kannt da ja des Kasbrot glei in der Kuchl macha, na isst es glei drüben.
SCHORSCH Naa, des friss i da herin.
THEA Aber da kemman doch glei …
SCHORSCH Wer?
THEA De Russen kemman, da is a echter Bürgermoaster dabei.
SCHORSCH De wenn do rei kemma, na sog i – Ruckiwerch – des hoaßt 'Hände hoch', na wissens glei, da is a Fachmann herin.
THEA Schorsch, des konnst am Otti, am Gerhard und am Sepp net odoa.
SCHORSCH Ha, de setzn mir da de Russn vor d'Nasn, der Bürgermoaster hat mi no nie eigladn. Wo samma denn, des is doch der Stammtisch.
HOLZ Sehen Sie, er wird schon aggressiv. Jetzt stellen Sie sich vor, der Bürgermeister kommt.
SCHORSCH Du haltst dei Votzn, Noagarlzuzler!
THEA San S' doch staad Herr Holz, der Schorsch is jeden Tag da herin und so a Bürgermoaster nur oamoi. Was hob i davo, wenn i an Stammgast verprell, bloß weil da so oamoi so a Russ kimmt. Der bleibt a halbe Stund und dann geht er wieder. Der Schorsch is a solider Gast. Da, dei Halbe, Schorsch.
SCHORSCH Dankschön.

THEA *in die Kamera* Wenn i von dene Prominenten leben miaßat, na kannt i zammpacken. Von dene Prominenten da kannt i Eahna Stories vazähln.

Da Curd Jürgens hat da herin amal a Currywurscht gessn, der hat mit dem Ketschup rumgsaut, Sie, i sog's Eahna, naa.

Der einfache Mann gibt auf sein Gwand obacht, aber der hat umanand gsaut, na pfui deifi, und koan Pfennig Trinkgeld. Der Mann is scho dod, aber was moana S', wer da heit alles no a Geld kriagat von dem.

HOLZ Aber hier geht's um Deutschland.

SCHORSCH Des kon da Bürgermoaster von Peking oder von Rio de Janeiro sei, des is hier ein Stammtisch, und da hat a Russ nix verlorn.

Gerhard, Horst, Sepp und Otti kommen zur Tür herein.

OTTI Was is'n da los? Schorsch, was regst'n dich so auf?

HOLZ Es handelt sich hier um deutsche Interessen.

GERHARD *in die Kamera* Mir ham praktisch nach einem Kompromiss gesucht, der Schorsch

is sehr hartnäckig bliebn, und ma muaß an
Schorsch aa irgendwie versteh, warum soll er
sich mit Leit zammhockn am Stammtisch, die
wo er net kennt und vielleicht gar net mog.
Andererseits, wenn der Mann, dieser Bürgermoaster da, scho extra von so weit do her
kimmt, kann ma eahm doch auch amal da hin-
hocken lassen und a Halbe Bier trinken lassen,
des erfordert doch schon der Anstand …
Im Hintergrund geht der Streit weiter.

12. BRUNNHOF – AUSSEN

*Die russische Delegation entsteigt unbeachtet einer
großen Daimler-Benz-Limousine. Die Delegation
geht ratlos zum Brunnhof, sucht etwas verloren
nach der Gaststube und landet im nicht benutzten,
halb dunklen Nebenraum, dem Jägerstüberl.
Dazu russische private Verständigungslaute.*

13. BRUNNHOF – GASTSTUBE INNEN

SCHORSCH Und wenn der Strauß persönlich
 kammat, miaßat er fragn, aber der Mann ver-

langert des ja scho gar net, dass er sich da herhockt, weil der hat ja an Anstand.

HOLZ Aber es stehen deutsche Interessen auf dem Spiel.

SCHORSCH Des is mir wurscht, de solln se schleicha, de solln ihr Bier saufa wos wolln, de Scheiß-Russen, aber doch net da herin.

Während Schorsch so schimpft, erscheint die russische Delegation.

THEA Obacht.

HOLZ Tach. *Springt auf, steht völlig unbeachtet stramm.*

Der St.-Öd-Bürgermeister steht auch etwas deplatziert herum.

ST.-ÖD-BÜRGERMEISTER Ja, äh, was solln i da macha? Da Otti hat mi angrufn, i soll kemma, i woaß ja net, was i da macha soll?

GERHARD Mei, grüßen.

ST.-ÖD-BÜRGERMEISTER Ja, aber dann geh i, weil i hab ja heut an Schafkopf, i bin der vierte Mann.

GERHARD *in die Kamera* Er ko net, er muaß Kartnspuin.

ST.-ÖD-BÜRGERMEISTER Ja, gell, machts es gschwind, gschwind, gell, i hob koa Zeit.

ZITHERSPIELER Jetzt mecht i wissn, obs des Lied scho kenna?

Der Zitherspieler spielt und singt – »Olga, Olga, wisch mern Arsch ab«.

THEA Ah Grüß Gott, die Herrschaften, nehmen S' doch Platz, ham S' a gute Fahrt ghabt, brauchen S' a Zimmer oder fahrn S' glei heit scho wieder?

SCHORSCH Doo hockts eich her. – Ruckiwerch!

Die Delegation lacht verklemmt.

SCHORSCH Ich gewesen Sewastopol.

GERHARD Der Schorsch kann no a paar russische Wörter, des hat dene Russen glei imponiert. Es is halt immer a Vorteil, wenn ma a Sprache kann.

DOLMETSCHER Wo können wir uns bitte hinsetzen?

SCHORSCH Doo, hockts eich her.

Dolmetscher übersetzt – ab jetzt immer.

THEA Des is unser Stammtisch, da is am meisten Platz.

GERHARD So, und na ham se si hingesetzt, und dann hat der Bürgermeister a Präsent überreicht.

Bürgermeister Borisov überreicht Thea einen Mischa-Bären.

THEA Mei, des is aber nett.

GERHARD Und dann is die Begrüßerei wieder losganga.

SCHORSCH *zum Dolmetscher* Bist du aa a Russ?

DOLMETSCHER Nein, ich bin Deutscher.

SCHORSCH Was duast'n nachad bei dene Schlawiner?

ST.-ÖD-BÜRGERMEISTER Sehr geehrter Herr Bürgermeister, von Moskau, glaub i ...

THEA Was is, kriagn ma alle a Bier?

GERHARD Ja, dua a Bier her. Was is, Herr Borisov, Sie auch? Bier?

DOLMETSCHER Bevo?

BORISOV Da!

GERHARD Ja, er aa, für alle a Bier.

ST.-ÖD-BÜRGERMEISTER Mir koans, i muaß glei weiter.

SCHORSCH Pass fei auf, dass de aa zahln.

OTTI Des zahln mir.

ST.-ÖD-BÜRGERMEISTER Also sehr geehrter Herr Bürgermeister, in meiner Eigenschaft als hiesiger Bürgermeister darf ich Sie herzlich begrüßen, also ein herzliches Grüß Gott. Ich bin ja selber einigermaßen überrascht worden, Sie kennen das ja, die Amtsgeschäfte, ich muss heute noch zu einem äh, äh, Musikantentreffen in Agataried.

BORISOV Sto?
DOLMETSCHER Agataried.
ST.-ÖD-BÜRGERMEISTER Ja, Agataried, genau. Ich muss leider, äh, aber noch einen schönen Aufenthalt und schöne Grüße daheim und, äh, ich darf Ihnen auch noch eine Plakette überreichen, St. Öd im Heimatwinkel.
BORISOV Stoi e koija?
DOLMETSCHER Was ist das?
SCHORSCH *nimmt Plakette und prüft.* Des is Plastik und Email.
DOLMETSCHER Eta Plastik e Email.
BORISOV Ah, Plastik Email, spassiva.
ST.-ÖD-BÜRGERMEISTER *eilig.*
Also dann, bis zum nächsten Mal. Pfüa God.
GERHARD Was is, gehst scho?
ST.-ÖD-BÜRGERMEISTER Ja, i muaß.
GERHARD *in die Kamera* Er hat leider glei wieder geh miaßn.
THEA So, da waarn jetz die Biere, ruckts aufd' Seiten. *Serviert die Biere.* San S' sicher recht durstig von der langen Reise, Herr Bürgermoaster?
Dolmetscher übersetzt alles. Allgemeines Prost.
GERHARD Naja, dann hat endlich a jeder a Bier ghabt, und es waar dann ganz gmiatlich wordn,

aber der Otti hat a Rede vorbereitet ghabt, und de hat er unbedingt losswerdn miaßn. Und der Bürgermoaster hat dabei, wia wenn ma so Erdnüsse verteilt, hat der so Plaketten verteilt von Moskau und der Sowjetunion und lauter so Zeig war des.

OTTI Sehr geehrter Herr Bürgermeister Borisov, sehr geehrter Herr Staatssekretär …

GERHARD A Staatssekretär war aa dabei, Serwuchin hat der gheißn oder so ähnlich, der hat net vui gsagt, der wollt am liebsten glei wieder geh.

OTTI Wir waren ja bei Ihnen in Moskau drüben, und jetzt sind Sie hierher zu uns gekommen, mir freuen uns, dass Sie da sind, und vielleicht kommen mir mal wieder zu Ihnen hinüber. Und wenn Sie mal wieder zu uns rüber kommen sollten, würde uns das natürlich sehr freuen. Also kommen S' doch amal wieder herüber. *Dolmetscher übersetzt alles.*

THEA Wia schaugts'n mit'n Essen aus? Meng ma was?

OTTI Bring eahm a Kasplattn mit alle Schikanen, mir zahln S'.

THEA Naa, i hab was Spezielles fürn Herrn Bürgermeister vorbereitet. Kennan Sie russische Eier?

Dolmetscher übersetzt.

BORISOV Njet.

THEA Dann probiern S' es amal, des is a russische Spezialität.

THEA *in die Kamera* Is eigentlich scho erstaunlich, da kommens aus Russland und kennan net amal russische Eier. Da habts derweil a bisserl was zum Knabbern. *Sie stellt Salzstangerln hin.*

GERHARD Sie, die warn ganz hoaß auf die Salzstangerln. San aber aa was guats. *Er isst selber Salzstangerln.* Wenns am Tisch san, i kannts stundenlang essn, i hör gar nimmer auf, also auch beim Fernsehn und so, naa, 's is wirklich was guats. *Er isst noch ein Salzstangerl.*

OTTI Da, weil Sie so an Spaß ghabt ham an dene Aufkleber, ham mir uns gedacht, hier ein paar Aufkleber für daheim von der Doldenbrauerei in Miesbach. Mit den herzlichsten Grüßen vom Ökonomierat Zapf und übrigens auch vom Landrat Gröbel.

BORISOV Gröbel!

SEPP Ja, Gröbel. Da ham S' no an Aufkleber. Auto Maier, St. Öd, kaufe jeden Gebrauchtwagen. Also russische Autos kaaf i net, aber Japaner scho.

BORISOV Ah, spassiva! *Steckt die Aufkleber ein. Beginnt mit einer russischen Ansprache.*

DOLMETSCHER *übersetzt* Meine sehr verehrten Damen und Herren, die internationale Völkerverständigung hat mit dem heutigen Tag einen ... *usw.*

GERHARD Jetz hat der wieder g'red, aber er hat nicht mit'n Miez grechnet ghabt.

Die Tür fliegt auf. Miez und Tochter kommen herein.

MIEZ Wo san d'Russen?

ALLE Da, hier!

MIEZ *Schnappt sich den Bürgermeister von Moskau und zu seiner Tochter:* Jetz schnell, schnell, mach a Foto, oder mach glei zwoa. *Das Kind knipst zweimal. Miez schnappt die Polaroid-Abzüge, wartet – ungeduldig zum Bürgermeister:* Jetz pass auf, wart amal, glei kimmt's ...

THEA So, da waarn jetz die russischen Eier. Des is jetz a deutscher Kaviar, also i find, der schmeckt irgendwie deftiger wia der russische, probiern S' amal.

Allgemeines »Guten Appetit«. Der Polaroid-Abzug nimmt allmählich Konturen an.

MIEZ Da schau her, des bist du und des bin i. I bin der Miez von Fischbachau. Oa Foto derfst bhaltn als Erinnerung. Des andere bhalt i.

THEA Na, schmeckt's?

DOLMETSCHER Schmeckt's?

Borisov nickt.

THEA Gell, is amal was anders. Also i muaß sagn, der russische Kaviar, den mir der Sepp da aus Moskau mitbracht hat, der hat bei meine Gäste wenig Anklang gefunden. I habn dann ins Tiroler Gröstl nei, da hat kein Mensch was gmerkt. *In die Kamera* Was an dem Kaviar so bsonders sei sollt, mecht i wissn. Der Curd Jürgens hat'n übrigens aa alweil mögn.

Ferstl und zwei neugierige Frauen kommen zur Tür herein.

FERSTL Wo sans jetz, de Russn?

ALLE Hier, da ...

FERSTL I wollt mas bloß amal aus der Näh oschaugn. Mir hams ja, im Krieg ham mers ja allweil nur aus der Entfernung gseng, aber da ham mers ja mehr derschossn. An guatn Appetit, gell.

THEA Da, Hansi, hast a Bier. Ihr megts aa no alle?

GERHARD Ja, dua nur her.

FERSTL Aber des sog i Eahna glei, des mit dem Afghanistan ...

GERHARD Geh sei staad, doch net da herin.

FERSTL Aber des mit dem Afghanistan ghört amal gsagt.

GERHARD Aber de san doch grad beim Essn.

MIEZ *zum Dolmetscher* Fragn amal, war er scho mal in Kanada? He du!

DOLMETSCHER Der Herr Staatssekretär?

MIEZ Naa, er, der Bürgermoaster. War er scho mal in Kanada? *Zum Bürgermeister* Warst scho mal in Kanada? Solchene Lachse! I war da scho dreimal beim Lachs-Fischen. *Zum Dolmetscher.* Da muaß er mal hifahrn. Oder derf er net? Sog eahm: solchene Lachse …

THEA *stellt einen Maßkrug hin.* So, Herr Bürgermeister, wissen S', was des is? Des is bei uns a Russ! Mir sagn dazu Russ! Des is Weißbier mit Zitronenlimonad, probiern S' amal.

Dolmetscher übersetzt. Bürgermeister lacht und trinkt.

GERHARD Na hat der Russ an Russn gsoffn. Mei, des war eine Gaudi.

Alle schauen zu.

FERSTL Aber des Afghanistan …

GERHARD Geh sei staad, jetz trinkt er doch grad.

SEPP Na, schmeckt eahm da Russ?

DOLMETSCHER Ja, danke, gut.

GERHARD *in die Kamera* So a Russ is was guats, grad an heißen Tagen mog i'n bsonders.

THEA Mei, jetz hätt ich's fast vergessn, mir ham ja no an Russn bei uns. Spüler is er. Der is abghaut, net direkt Russland, aber da ausm Osten.

SCHORSCH A Polack is er.

THEA Naa, er is mehr so a Dissident.

GERHARD Naa, a Asylant is er. I woaß, dass er a Asylant is.

THEA Wartn S', i holn amal gschwind her.

SCHORSCH Thea, wo bleibtn mei Kasbrot? *Zum Bürgermeister vertraulich* I hob a Kasbrot bstellt, aber's is allweil no net da.

BORISOV Sto?

Dolmetscher übersetzt. Bürgermeister bietet russische Eier an.

SCHORSCH Naa, um Gods Willn. I vertrag koa Majonnäs. Da muaß i speibm.

14. BRUNNHOF – KÜCHE

THEA So, Herr Tschislawski, jetz sans da. Sagn S' eahna halt a Gedicht auf oder irgend so was. Jetz san se da, de Russn.

Tschislawski zögert, Thea schiebt ihn in die Gaststube.

15. BRUNNHOF – GASTSTUBE

THEA Er is a weng schüchtern.
GERHARD Jetz passen S' auf, jetzt sagt er gleich a Gedicht auf.
Tschislawski zaudert.
GERHARD Er soll drüben irgendwie a Direktor von ara Schuhfabrik gwesn sei oder so was.
Allgemeine Zurufe an Tschislawski, Tschislawski beginnt Puschkin zu rezitieren. Der Zitherspieler spielt »Ein Prosit der Gemütlichkeit«. Alle trinken und prosten.
Serwuchin flüstert dem Bürgermeister ins Ohr, dass er gehen will. – Seine Abneigung der ganzen Situation gegenüber wird inzwischen immer deutlicher.
FERSTL Was is, geht a Schafkopf zamm?
SEPP Ja, i dad oan mit. Schorschi?
SCHORSCH Spuin ma oan. Miez, was is – Schafkopf?
MIEZ Naa, i muaß glei weiter.
FERSTL Gerhard, was is mit dir?

GERHARD Ja, warum eigentlich net.
Ferstl beginnt bereits zu mischen, der Bürgermeister steht auf, auf russisch laber, laber.
DOLMETSCHER Es war uns eine Freude, *usw* ... Der Herr Bürgermeister bedankt sich für die freundliche Einladung ...
SCHORSCH Was is, gehts es scho?
THEA Aah, fahrn Sie mit der Transsibirischen Eisenbahn?
DOLMETSCHER Herr Borisov fährt nicht nach Sibirien, er fliegt nach Moskau.
THEA Ah ja, genau.
FERSTL Also, wer gibt?
GERHARD Sepp, fang oo.
OTTI Da, fürn Herrn Bürgermeister, für die Heimfahrt von der Doldenbrauerei.
Überreicht zwei 6er-Pack Dosenbier.
THEA Weil ich's grad da hab, Herr Bürgermeister, da, des is a Vierfruchtmarmelad, selber gmacht für die Frau Gemahlin, und kommen S' halt amal wieder vorbei, vielleicht a bisserl länger.
Die Delegation steht verlegen rum.
HOLZ *steht stramm.* Auf Wiedersehen und kommen Sie gut nach Hause und glauben Sie nicht, dass alle Deutschen so sind, es gibt auch

Deutsche, die sich benehmen können. *Er wird von niemandem beachtet.*

SCHORSCH Was is Noagarlzuzler, mogst net glei mitgeh? Da, den kennts mitnehma als Souvenier.

THEA Also, es seids scho unhöfliche Mannsbilder, es, also, jetz sagts doch wenigstens Wiederschaun zum Herrn Bürgermoaster.

SCHORSCH Jaja freili, sowieso, also dann Ruckiwerch.

FERSTL Ruckiwerch, Hände hoch, und lassts eich amal was eifalln mit dem Afghanistan.

GERHARD Jetz sei staad, de gengan doch.

Allgemeines »Also dann, Wiederschaun« usw. Die Zither spielt »Auf Wiedersehn«.

GERHARD Ja, Sie ham's gsehn, na warn die da, und nachad sans wieder gangen. Zruck nach Moskau, Flughafen Riem und nachad glei wieder hoam, – mei schad, dass i die Grassau net hab, na dad i a Grassolo spuin, aber schaun S' her, da fehlt eindeutig die Grassau.

Gerhard zeigt sein Kartenblatt.

Die Delegation geht unbeachtet. Die Kartenspieler beginnen. Thea serviert, Zithermusik.

EIN
OSTBLOCKPLAYBOY

Mir samma heier nach Ungarn gfahrn, weil des Italien und des Spanien, des macht ein wirklich müde. Na samma nüba. Mir warma zwoa Porsche und drei BMW. Also, mir warma insgesamt an Haufn Kubik. Der Ede hat glei amal an Christbaum angezündet und hat de ganzn Wartburg weggscheicht, geht ja net anders, weil de blockiern ja alles. Na samma in den Ort nei, wia hoaßt des glei wieder, ah ja, Budapest, genau, na sog i zu oam dadortn: Sog ama Chef, wos soll des sei, a Großstadt? Des soll a Großstadt sei? Des zerbräselt ja ois, des is ja wia a Sandkuacha. Habts es koa Geld zum Investiern, oder wia is des da bei eich? Nacha samma obi zu dera Drecklacka, Plattensee, oder wia der hoaßt. Da war an unserm Tisch aso a Ostmensch ghockt, a Ostdeitscher, a ganz a gebildeter Typ, irgendwie Kernforscher oder so was war er. Na sog i zu eahm, sag amoi,

Meister, wiavui Scheine machst du so im Monat? Weil kannst du von dem, was du vadeanst, bloß an Trabant oder so an Scheißdreck kaffa? Des is ja gar koa Auto. Sog i, schaug mi o, i fahr jetzt an neunachtundzwanziger, weil des is ja vui rationaler, i fahr ja mit Normalbenzin. Und sonst, mir ham gor net bsonders aufgedreht. Ab und zu hat der Ede an Scheinwerfer gspuit, damit s' buckelt ham, aber den Hummer und den Kaviar und den ganzen Baaz hab i scho boid nimma sehng kenna. Die Weiba, de san da wia de Fleischfliagn, weils nur auf Devisen aus sand, und des Kracherl, der Krimsekt, i hab 'n scho nimma oschaugn kenna, mir hamma 'n unterm Tisch abigschütt, weil, glaubts as, i hab 'n scho nimma derbrunzn kenna.

ANLÄSSLICH
DER GRENZEN

Liebe Mitbürgerinnen und liebe Mitbürger, liebe Landsleute!

Jetzt heißt es den Kopf klar behalten in dieser historischen Stunde. Wir alle sind gefordert, unseren gemeinsamen patriotischen Empfindungen und Gefühlen Mäßigung aufzuerlegen. Der Gedanke an die lange Trennung, die unsere gemeinsame Geschichte gemeinhin als Gemeinheit empfindet, bewegt uns zutiefst.

Wir gedenken heute des 13. Mai 1779. Der Vertrag von Tetschen hat unser bayerisches Vaterland in zwei Teile geteilt. Wir hier im Westen unseres weiß-blauen Vaterlandes denken an unsere Brüder und Schwestern jenseits des Inns, dieses unseres Schicksalsflusses, die im Innviertel, von uns seit mehr als zweihundert Jahren getrennt, dem Einfluss Österreichs hilflos ausgeliefert sind.

Länger schon als zweihundert Jahre gilt sie jetzt, die Grenze, die über Generationen hin Tausenden und Abertausenden von Zöllnern und Zollbeamten Brot und Zuversicht gegeben hat.

Und hier stehen wir nun, hoffend, dass auch im nächsten Jahrtausend die alte Frage weiterhin frohgemut erschallen wird, die Frage von wahrhaft abendländischer Dimension, welche dort an der Grenze die Herzen von uns so tief bewegt. Die Frage nämlich: »Haben Sie etwas zu verzollen?«

Diese Frage ist die Grundvoraussetzung für die Absicherung der Existenz tausender Familien diesseits wie auch jenseits der Grenze. Liebe Landsleute, wir merken auf – wer Zöllner will, der braucht auch Grenzen.

Ja, liebe Mitbürgerinnen und Mitbürger, ich schäme mich heute an diesem Tage meiner Rührung nicht, und ich weiß, dass nicht ich alleine es bin, der hier bewegt ist, aber als stolzer Bürger zu wissen, dass wir mit dem Landkreis Tölz, auch mit dem Landkreis Rosenheim, eine gemeinsame Landkreisgrenze haben, erfüllt uns mit Genugtuung, Begeisterung, um nicht zu sagen: Enthusiasmus.

Aus heutiger historischer Sicht würde ich

durchaus sagen – einmal mit dem Fahrrad oder auch mit dem Auto hinüber in den anderen Landkreis fahren? –, ich würde sagen: Ja, warum nicht?

Oder gar ständige Besuche der Biergärten und Wirtshäuser im anderen Landkreis?

Ich sage hierzu entschieden: Jawohl. Das ist eine Kollaboration, die ich gelten lasse, aber eine Abschaffung der real existierenden Landkreisgrenze Miesbach – nicht mit uns – niemals –, Finger weg von unserer Landkreisgrenze!

Liebe Mitbürgerinnen und liebe Mitbürger, liebe Landsleute – eine Grenze, was ist denn das? Eine Grenze, liebe Landsleute, ist ein fließender Übergang – ein Übergang, langsam vom einen ins andere –, der Übergang bleibt im Ungefähren. Eine Grenze also ist das Gegenteil von einer Front. Also die Grenze zwischen Orient und Okzident ist in Tscheljabinsk im Ural links neben dem Salatbeet.

Prinz Eugen hat es nicht einmal verhindern können, dass das Wiener Schnitzel, welches eine osmanische Erfindung ist, die Grenzn des Orients überschritten hat, das Wiener Schnitzel findet seine Grenzn erst seit der Erfindung der Friteuse.

Liebe Landsleute, vergessen wir nicht, wo Werte sind, da sind auch Grenzen; also, es lebe hoch der niedrige Grenzwert bei Cäsium und Dezibel. Es lebe hoch die Grenzn des Machbaren, die Grenzn des Zumutbaren, es lebe hoch die Grenzn der Begrenztheit, der Toleranz, die Grenze lebe hoch.

Ja, liebe Mitbürgerinnen und Mitbürger, liebe Landsleute – wo kein Horizont ist, da braucht man doch Grenzen. Ich danke Ihnen.

ALLES ÜBER
DEN RUSSEN

Mit schwerwiegender Stimme Mein Gott, wissen Sie, ich war drüben, sicherlich, und ich muss sagen, ich habe mir gedacht, na ja, dann schaust du dir die Sache halt noch einmal an, nicht wahr? Auf den alten Spuren, nicht wahr? Privat, individuell – darum habe ich auch diese Pauschalreise gemacht und muss sagen, es sind Impressionen, nicht wahr, die man da kriegt, das ist natürlich … äh … schon … äh, dass man sagen muss … äh … Aha, nicht wahr? Wissen Sie, weil … »der Russe«, sagen wir mal, nicht? Der Russe, man hat ihn ja damals zu dieser Zeit, man hat ihn ja praktisch privat, in dem Sinne, gar nicht kennengelernt! Man hat ihn ja damals mehr erschossen, nicht wahr? Und drum hab ich mir gedacht, na ja, schaust ihn dir noch amal an, nicht wahr? Denn, wie gesagt, der Russe ist ja meines Erachtens … ähm, ja … wie soll man ihn im Grunde beschreiben? Er ist, äh ... eigentlich ... durchaus, dass man sagen könnte ... also in dem Sinn ... irgendwie ... ja doch, dass man meint ... ja – warum nicht? Net wahr? Er ist auch ... äh ... irgendwie ... ein, ein ... sagen wir mal ... verstehen Sie? Nein? Der Russe ist, sagen wir mal ... ähm ... ja ... schon vom Ding her gesehen, nicht war, er ist genauso maskulin vorhanden, nicht wahr, also männlich, nicht wahr, weiblich is er genauso da wie sächlich anzutreffen, nicht wahr? Also auch farblich, er is durchaus, keineswegs, dass man sagt, jetzt ... äh ... net? Also er ist farblich ... äh – rot, net wahr, fuchsert, net wahr; er ist blond, semmelbond, schwarz, grau, gräulich, net wahr, hellgelb, wie Sie wollen, net wahr? Also in diesem Sinn macht der Russe gar keine Sperenzchen, der Russe ist, äh ... ja, sagen wir mal ... Wie soll ich Ihnen denn das jetzt amal wirklich nahebringen? Folgendes Beispiel: Sagen wir mal, wenn es in Russland kühl ist, verstehen Sie, es zieht, nein? Feuchtigkeit, net? Kälte, net? Brr, nein? Ja, was macht er da, der Russe? Net, was tut er da? Net wahr, da greift der Russe zu einem Jackerl, zu einem Pullover, zu Hut, Schal, sogar Mantel, das ist alles im Bereich des Möglichen. Oder auch das Gegenteil: Sagen wir mal Hitze, Schwüle, man schwitzt, net? Da kann man dann durchaus erleben, dass der Russe dann shirtmäßig unterwegs ist, nicht wahr? Schaun Sie, ein Beispiel, nicht, im Zentrum dieser Riesenstadt dieses Riesenreiches, net wahr? Ich steh in etwa hier, ganz in der Nähe, wo er mumifiziert worden ist, approximativ circa vier bis fünf Meter vis-à-vis steht plötzlich, in dieser Stadt, neben mir ein Russe! Das muss man sich amal vorstellen, nein? In der Hand ein etwa wurstbrotartiges Gebilde haltend. Die Sache macht mich natürlich neugierig, und ich sehe, wie dieser Russe dieses wurstbrotartige Gebilde langsam, bedächtig zum Munde führt, einen Moment innehält, um dann plötzlich, wie von der Tarantel gestochen, hineinzubeißen. Und ich hatte durchaus den Eindruck, es hat dem Mann geschmeckt. Sehen Sie, das sind die Sachen, da legt man die Ohrwaschl an, nicht wahr? Aufgrund solcher Erfahrungen bin ich heute bereit zu sagen, der Russe, wenn er grinst, i würd sogar sagen, wenn er lacht, nein, wenn er – hihi – *er klatscht in die Hände* –, kann man durchaus davon ausgehen, dass er eine Gaudi hat. Jetzt passen Sie mal auf, jetzt werd ich Ihnen mal was erzählen, nicht wahr – folgende Situation: Nicht wahr, auf diesem riesigen Boulevard dieser Riesenstadt, nicht wahr, ein Riesenboulevard, der Russe ameist vor sich hin, nicht wahr, er schwappt hin und her, nicht wahr, in diesem Gewoge sehe ich plötzlich einen Russen weiblicher Herkunft, einen kleinen Russen mit sich führend, so a ganz a kleiner Russe noch, nein – *seine Stimme wird immer zärtlicher* –, a Pelzmütze hat er aufghabt, net, so a ganz a kleiner Russe, nein, so a gewindelter Russe noch, nein, und beugt sich herab, um diesem kleinen Russen etwas mitzuteilen. Ich muss natürlich hinzufügen, ich selber bin des Russischen ja kaum mehr mächtig, außer »ruckiwerch«, also »Hände hoch«, bin ich mir nicht mehr … ist mir nicht mehr viel geblieben, nicht wahr. Und ich höre, wie dieser Russe zu dem kleinen Russen sagt: »Kuckuck, dada da dada«, irgend so was, nicht wahr – da, also, da hätten Sie den kleinen Russen erleben sollen, nicht wahr, der war begeistert, der war außer sich vor Begeisterung, der hat gelacht, der hat sich gefreut, der kleine Kerl – *immer begeisterter und mit kindlichem Klang* –, der war enthusiasmiert, nicht wahr, der … also der … das kleine Gsicht is auseinandergegangen, der Diezl is ihm aus dem Mund gefallen, net wahr, der hat gelacht, nicht wahr, und seitdem frag ich mich – *Stimme wird argwöhnisch* –, was lacht der Russe so? Und drum sag ich Ihnen mal das eine: Wenn der Russe in dieser Formation zu uns hierherkommt, wissen Sie, was dann los ist? Ja, wissen Sie, was dann los ist? Dann ist er da!

CARE GINO

RICHARD Jetzt is wieder ein Jahr vergangen, jetzt muss ich ihm aber wirklich einen Brief schreiben. Aber natürlich nur ein paar Zeilen, weil, des muss jetzt wirklich passiern, net, weil, wenn des so weitergeht …

KRIMHILD Geh, was macht denn des für an Eindruck! Du muss doch jetzt amal was Ordentliches schreibm, des geht doch net so weiter!

RICHARD Ah ja, ich schreib ihm ja, aber das sag ich dir, nur das Wesentliche, weil, irgendwas anderes kommt ja gar net in Frage, gell.

KRIMHILD Schreib ihm doch auf Italienisch, du hast es doch unten auch bewiesen.

RICHARD Jaja, ja, auf Italienisch, ja freilich, also nachert, fangma amal an. Gell, ah – Care …

KRIMHILD Der heißt doch net Kare, der heißt doch Gino, hast des vergessen?!

RICHARD Ja, hä, naa, des is aso, woaßt, Care, des heißt praktisch Lieber.

KRIMHILD Ach, Lieber, des heißt doch amore!
RICHARD Ah ja, hähä, naa, es is aso, na ja, also ich glaub, ich schreib doch lieber auf Deutsch, net, weil, also, des verstehn die auch. Kannst dich erinnern, wie mir gsagt ham: Schweinsbraten, wie s' da glacht ham? Hahaha …
KRIMHILD Genau, und Beckenbauer, des hams aa kennt. Aber es waar scho fesch, so auf Italienisch …
RICHARD Jaja, gell, also jetzt schaun mir halt amal, ah – fangma halt amal an. *Schreibt* Ah – Lieber Gino. Lieber Gino – es ist inzwischen sehr viel passiert. – Also, ich schreib nur das Wesentliche, gell? – Lieber Gino, es ist inzwischen sehr viel passiert. – Weil, des würd ja sonst zu weit führen, net, wenn ich ihm jetzad da alles, net – also, es ist inzwischen, inzwischen ist – viel – Zeit – vergangen, net, des is wahr, des kann ma sagn – ah, sozusagen, ein Jahr – ist im Fluge vorbei – im – Flu–ge – vorbei. – Inzwischen – net, also – inzwischen hat sich – wieder einiges – getan, net – äh, und ich nehme an – ich nehme an, dass sich, äh, bei euch – auch einiges getan hat. Ja, dass sich bei euch auch einiges getan – hat, wie – es – halt so – ist im – Leben, wie es halt so ist im Leben,

net, im – Le–ben. – Ja, was schreib i denn jetzt no – ah, ah ja! Ah – draußen, äh – regnet es gerade ...

KRIMHILD Ah geh, des is doch a Schmarrn, es hat doch grad zum Regnen aufghört! Kannst 'n doch net anlügn!

RICHARD Ah ja, ah – draußen hat es gerade – aufgehört – mit – dem – Regen. Draußen hat es aufgehört mit dem Regen – dem Re–gen, ah – wir haben, äh – viele – Erlebnisse – ge–habt, – Erlebnisse – geee–habt, aa–ber weem – schreiibe ich das. – Äh, was Persönliches, net, äh, vielleicht, ja! Ah – wie geht – es – dii–rr – wie geht es dir, ähm – und insbesondere – ah, euch anderen sonst – und insbesondere euch anderen sonst! Ah – ah ja! Ah, mir ...

KRIMHILD Was heißt denn da: mir ...? Bin ich vielleicht nicht da?!

RICHARD Ah, uns – geht es – meist – ah, zumeistens – gut, uns geht es zumeistens gut, ah – schreibt – uns doch – auch, schreibtunsdochauch – was – bei euch – ah, bei euch passiert is. – Net, des dad mi jetzt intressiern, ah, was – inzwischen – bei euch – passiert ist. Net, weil – ah – wir, wir – schrei–ben euch dann auch wieder, wir schreiben euch dann auch wieder, was bei – uns – alles – so passiert. Ah, jetzt mag i nimma. Was schreibm mir jetzt, ah, dir – uns – inzwischen – und so weiter – is alles da – jetzt muss ich – leider schließen – i hab ja gar koa Zeit mehr – weil ich – äh, äh – keine Zeit – mehr ha–be – denn morgen – wird's auch wie–der – ein turr–buu–len–ter – Tag.

KRIMHILD Geh, morgen is ja Wochenend, kannst nix anders …

RICHARD Na ja, is ja Wurscht, Wochenende, na ja, da, des wissen die gar net. Also gut! – Viele Grüße – euer – äh, Richard. Ja, sehr gut, äh, Richard, jetzt schreib i's vielleicht noch italienisch hin, äh, Ricardo, äh – schreibt ma jetz Ricardo mit k oder mit ck, na ja, is ja Wurscht, sie wissen ja von wem s' den Brief ham, net wahr, Hautpsache is, dass sie wissen, was los is da herunten bei uns.

Da, schreib aa no was hin, wennst magst … dass's nach was ausschaut. *Reicht Krimhild den Kugelschreiber. Diese nimmt ihn und unterschreibt rasch.*

MR. ANYBODY

INTERVIEWERIN Mr. Anybody, Sie sind nun schon zum siebten Male in der Bundesrepublik Deutschland. Was bewegt Sie denn, immer wieder nach Deutschland zu kommen? Ist es das Klima, Mr. Anybody, oder …

MR. ANYBODY Well as you see, isch war in America, in the States at home, in Kentucky, von – wie sagt man – my profession, mein Beruf, hab isch gearbeitet als Osterhase und auch schon als Pinguin by in Disneyland und als – wie sagt man – car-seller – *lacht* –, isch haben Auto verkauft, verkauft – *lacht* –, ja, and jetzt isch komme nach Deutschland, weil …

INTERVIEWERIN Und wie gefällt Ihnen Deutschland?

MR. ANYBODY Deutschland sehr clean, alles sehr clean, die Straßen clean, die houses, die Häuser, und die Gehirne clean, the friends, alle Bekannten, alles clean, sehr sauber, U-Bahn sauber, ah, wie sagt man, auch die Toiletten, das ist sehr sauber.

INTERVIEWERIN Ja, das freut uns sehr, dass Sie das sagen, Mr. Anybody. Und haben Sie sonst noch irgendwie einen Grund, dass Sie noch länger in Deutschland verweilen wollen und auch künstlerisch hier tätig sind?

MR. ANYBODY Ah ja, isch möschte sagen, dass … the coke is at least as good as, so gut wie in America. Wir haben das Popcorn, ist sehr gut, und in eine Toilette in Autobahn Leipheim eine Spruch von eine sehr intelligente deutsche author – wie sagt man – Schriftsteller: Spießig ist riesig. That's it.

CONCENTRATION-CAMP-SONG

Mr. Anybody singt.

Gesprochen:
I've been around the world –
   isch habe viel gesehen
von die Welt – but the best place
   I've ever seen
was the place where I've met
   Gretschen last year –
aber die beste Platz, die isch
   immer geseihn, war die
Platz, wo isch geseihn Gretschen ...
   bei eine Ausflug
zu Dauchau Konzentrationslager
   in die letzte Jahr.

Gesungen:
Well, isch traf meine Gretschen

she's a beautiful Mädchen –
inside the concentration camp.
Well, I hold her and I kissed her,
now I'm gonna miss her
and I dream of the green oaks 'round the concentration camp.

Refrain:
Concentration camp,
place of history,
place of destination
for Gretschen and me ...

Gesprochen:
I've seen all die Plätze in de beautiful Germany,
the Zillertal in Heidelberg – oh, beautiful
the Jedermann in Salzburg, ah, beautiful
University in Würzburg – interesting,
Newswanstein, Hofbräuhaus, an' Reeperbahn, oh, marvellous,
but on my way to Dachau Konzentrationslager suddenly
I looked at her – isch sehen zwai wundervolle blaue Augen
von aine beautiful girl.

Gesungen:
Well, I've met my Gretschen,
she's my destination –
inside the concentration camp.
I fühle glucklisch when I saw
hinter die Mauer flowers grow,
wonderful flowers of die
    concentration camp.

Refrain …

Gesprochen:
In die Schatten von eine alte romantische
    Baracke
aßen wir ein Hamburger und Wurstel mit
    Kraut.
Da hat sie misch in maine Augen geschaut.
Isch sagte: Baby, let deine sorrows disappear,
I love this romantische atmosphere.

Gesungen:
I came over from Kentucky,
an' now I am so lucky
disch getroffen in die concentration camp.
Baby, komm in main arm,
I will halten dir warm

even outside von die wundervolle
   concentration camp.

Refrain …

Gesprochen:
After the Wurstel sagte isch zu Gretschen:
Willst du maine Frau werden? – Gretschen,
   I wanna
marry you! – She agreed. An then
   isch nahm sie
mit zu maine sweet home in Kentucky,
an' since that time – und sait diese Zait
fahren wir zu unsere
gemütliche Platz in Dachau
   Konzentrationslager und
denken an unsere erste Begegnung
   im shadow
von die wundervolle Eiche.

Gesungen:
We spend the all-year-vacation
on the place of our destination:
in the beautiful concentration camp.
'cause I've met my Gretschen,

maine wundervoll Mädchen
inside the walls of the concentration camp.
Refrain …
Jodler …

DIE SOUVERÄNE
PERSÖNLICHKEIT

Mir Deutsche sind eh immer, mir sind doch schließlich souverän: Mir brauchen uns ja net alles gfalln lassen. Mir ham doch auch Wertmaßstäbe hervorgebracht, die sich sehn lassen können. Zum Beispiel Begriffe wie »Spion« an der Haustür, im Französischen »le vasistas!«, »il Leitmotiv« heißt auf Italienisch, ich glaub, »das Leitmotiv«. Das Wort Stempel hat sich in ganz Südosteuropa durchgesetzt, Stempel, zu Schlagbaum sagt der Russe »Schlagbaum«, und unser deutsches Wort Sandwich heißt auf russisch »Butterbrot«. Oder nehmen S' den Humor. Dass er sich europaweit durchsetzt, ist gar keine Frage. Aber es hängt davon ab, ob diese Franzosen diese Raketen mit dem Satelliten endlich rausbringen. Aber wenn es funktioniert, könnens in Europa auch endlich über uns lachen, weil der deutsche Humor dann in allen Sprachen synchronisiert wird. Schaun

Sie, ich spreche heute noch weder Französisch noch Englisch, und ich denke auch nicht im Traum daran, einmal Spanisch zu lernen. Und ich besitze eine Dreizimmereigentumswohnung mit Bad/WC, alles tipptopp, direkt an der Costa Brava. Übrigens, die Costa Brava ist in Katalanien, also Gothalanien, des war amal deutsch. Andalusien kommt von Vandalusien, da ham wir auch schon vandalisiert. Man spricht immer von dem Verlust unserer Ostgebiete. Aber von den Südgebieten, die mir aufgeben ham müssen, redet man nicht. Die Lombardei, also Langobardei, war immer deutsch. Südtirol, denken S' an Südtirol, und das Elsass, durch und durch deutsch. Und wenn jetzt dann die Grenze fällt, wem gehört's denn dann wieder? Also dann. Nur in der EG, in einer Gemeinschaft muss man geben und nehmen. Schaun Sie, zum Beispiel die Schlacht von Verdun, die ham mir verlorn, mir Deutsche, aber knapp. Und Stalingrad genauso, und die Schlacht von Trafalgar, wo die Engländer gegen die Spanier gekämpft ham, da ham die Engländer gewonnen. Jetz wenn wir aber Europäer sind, ham mir doch auch an Anteil am Sieg von Trafalgar und durchaus auch a Berechtigung, dass mir so a Nelson-Säule aufstellen. Die Welt wird transparent, schaun Sie, ein besitzender Türke, also der's zu was gebracht hat, dem steht doch heute die Welt offen. Nur ein anderer, ein Krattler, also ein türkischer Underdog, was hilft's dem, wenn er a bissl Deutsch kann? Selbst wenn er's fließend könnte, er bleibt so lange a Türke, bis er halt a Geld hat. Weil der Roland, mein Cousin – kennen Sie an Roland? Mein Gott, der Roland hat immer so gern Geld ausgebn, wie der des ausgebn hat, des war direkt unnachahmlich. Des war einfach schön, dem zuzuschaugn, wie er's ausgibt. Aber irgendwann hams ihn halt dann entmündigt, auf Betreiben von einer Bank, und dann is, glaub ich, noch was dazugekommen, und dann hams ihm die bürgerlichen Ehrenrechte gezwickt. Jetzt braucht er nimmer wählen und hat auch keine Pflichten mehr. Sie müssten an Roland jetzt sehen, wie er dasitzt, braungebrannt, mit einer Virginia, spuit er Musik auf der Zither, trinkt ein Bier nach dem andern, singt und juchzt, und des alles ohne bürgerliche Ehrenrechte. Also, der Roland ist direkt souverän. Der Roland bekennt sich übrigens voll zum Analphabetismus. Überhaupt: 700 Wörter Gesamtwortschatz sind heute keine Utopie mehr. Erst kürzlich fragt mich mein Sohn, was »es törnt mich an« auf englisch heißt. Da hab ich gsagt: »It turns me on«, weil der Engländer statt an on sagt.

Weil des wär halt schön, wenn wir noch viel mehr so Englischwörter übernehmen würden ins Deutsche. Weil dann könnt a Ausländer, wenn er Deutsch lernt, sich in der ganzen Welt verständlich machen. Dann wär er souverän. Aber mit der Bildung und überhaupt … was unsereins an abendländischem Ballast mit rumschleppen muss, an Dings, an Goethe, der andere, der Schiller, und der ganz andere, der … äh … na … solche Leute jedenfalls, was ma da in der Schule jahrelang, was einem die da vorgesetzt ham, die ham sich leicht getan, die ham's hingschrieben und mir solltn's auswendig lernen. Und des is des Gute an der heutigen Zeit. Wir produzieren mehr wie je zuvor, bei de Bücher, Fernsehn, Zeitschriften, aber wir hinterlassen nichts, jedenfalls nichts Erwähnenswertes. Unsere Kinder sollen's amal leichter haben, wenn s' Geschichte lernen, der Karl der Große, okay, der muss sein, aber den … ah … den Honecker oder an Kohl, den brauchens amal nimmer lernen. Des is ja alles a Zeitproblem. Wenn heut einer kei Zeit ghabt hat, dass er a Persönlichkeit wird, dann kann er ja an Kurs machen, bei einem Persönlichkeitsdesigner. Und jeder Visagist macht ihm des entsprechende

Gsicht dazu, was er braucht. Und dann hat er a Image, und dann braucht er a Persönlichkeit gar nimmer werden, weil dann is er souverän.

DAS
DRITTE-WELT-ESSEN

GAST 1 Fräulein!
BEDIENUNG *von ferne* Sofort
GAST 1 Wissen Sie, unter uns gesagt – *kaut und redet auf Gast 2 ein* –, ich kämpfe um jedes Gramm. Ich war jetzt grad wieder im Urlaub da drunten, obwohl es is ja, wenn man die Sache live erlebt, verstehen Sie, also ich meine, wenn man's unmittelbar sieht, nicht so obszön wie im Fernsehen. Diese armen Schweine im Fernsehen, ich kann's nicht mehr mit anschauen, aber natürlich, so lebt man da, ma gwöhnt sich dran. Zum Wohl. Ja, wo ist denn da die Bedienung? *Ruft* Fräulein, Fräulein!
BEDIENUNG *von ferne* Ich komm gleich.
GAST 1 Ja hoffentlich. Ich kämpfe, sag ich Ihnen. Ich hab also den ganzen Urlaub hindurch, ich hab am Tag nur viermal gegessen, immer so Kleinigkeiten. *Schmatzt.* Zum Wohl. Ja, was ist

denn da? Was trinken wir? Einen Sekt? Es ist wirklich ... aber diese Leute da unten, verstehen Sie, da hams nix, aber sie wollen auch nix. Da haben sie diese Kühe, nicht wahr, aber die essen die nicht. Da wimmelt's von Kühen, nicht wahr. Die hätten das beste Rindfleisch, ich mein, stellen Sie sich vor, bei uns der Zustand, man würde eine Sau heilig erklären. Da macht doch kein Mensch mit. Ja, eine heilige Sau mit Knödel, hahaha. *Die Bedienung kommt.* Da kriegn mir amal was. Danke. Sehr gut, also ...

BEDIENUNG Ja?

GAST 1 Hmhm, bringen S' uns doch bitte erst mal eine Flasche Sekt, ein Champagner.

BEDIENUNG Ja. Derselbe wie da?

GAST 1 Dieselbe Flasche. Und dann: Haben Sie Scampi? Dann bringen Sie einmal Scampi.

GAST 2 Das möchte ich auch.

BEDIENUNG Also zweimal Scampi.

GAST 2 Aber bitte ohne Knoblauch.

BEDIENUNG Zweimal Scampi, einmal ohne Knoblauch.

GAST 1 Und dann bringen Sie ... ham Sie, Fräulein, ham Sie Schlachtplatte, Fräulein?

BEDIENUNG Ja.

GAST 1 Dann bringen S' mir danach eine Schlachtplatte, und dann schauma weiter, gell? Ich kämpfe um jedes Gramm, wissen Sie, ich kämpfe. Zum Wohl!
GAST 2 Prost!

EINE
SPENDENAKTION

Schalterraum einer Bank. Fräulein Keim, Bankbeamtin, und Herr Sadowski in einem Kundenberatungsseparee hinter dem Schalter. Am Schalter wartet Herr Dr. Matschel.

KEIM Ja, es tut mir leid, Herr Sadowski, aber Ihr Kreditvolumen ist jetzt leider wirklich restlos ausgeschöpft. Ich bin aa noch amal alle Umschuldungsvarianten mit der Zentrale durchgegangen. Ich weiß, es is a schwierige Situation für Sie, aber das Äußerste, was ich Ihnen anbieten kann, is ein weiteres dreimonatiges Stillhalteabkommen. Dafür würde sich auch unser Doktor Fröschlein noch einmal stark machen. Aber wenn dann keine Zahlungseingänge verbucht werden, dann kann es auch der Doktor Fröschlein vorm Vorstand nicht mehr vertreten.

SADOWSKI Ja, aber dann kann i ja praktisch zammpackn, oder soll i vielleicht nach Australien auswandern?

KEIM Tja, des sind amal die Fakten, Herr Sadowski, mir sind einfach die Hände gebunden.

MATSCHEL Ah, Fräulein Dings ...

KEIM Ich hab's sofort, Herr Doktor Matschel. Herr Sadowski, ich hoff, Sie nehmen mir das nicht persönlich. Also, sollte sich von Ihrer Seite etwas ändern, lassen Sie's mich wissen. Einstweilen ist das alles, was ich für Sie tun kann.

SADOWSKI Ja aber ...

KEIM Wenn S' mich entschuldigen, äh, hier ist noch was für die Kleine. *Gibt ein Plastiksparschwein und ein Fähnchen.*

SADOWSKI Wie sagt ma denn?

Die Kleine sagt nichts.

SADOWSKI Dankschön.

KEIM So, Herr Doktor Matschel, entschuldigen Sie, also, was kann ich für Sie tun?

SADOWSKI Ja, aber von irgendwas muss ich ja die nächsten Wochen leben!

KEIM Wiederschaun, Herr Sadowski. – Also, Herr Doktor Matschel, was hamma denn?

MATSCHEL Ja, ich plane 'n Kurzurlaub in die Schweiz, und da wollt ich mich halt a bisserl pekuniär ausrüsten.

KEIM Ja, hehe, Schweizer Franken, nehm ich an.

MATSCHEL Polnische Zloty nehmen die net, hahaha, also gebn S' mir amal für zehntausend Mark Schweizer Franken, achttausend in bar, und dann gebn S' mir für fünftausend Mark Schilling und für dreitausend Mark Lire.

Fräulein Keim notiert.

Ja, i hab bloß acht Tag Zeit, aber a bisserl a Luftveränderung muss aa mal sein.

KEIM Da ham S' recht, grad jetzt um die Jahreszeit.

HATTENHOFINGER *kommt* Ah, Fräulein Keim, ich hab da für sechzigtausend Mark Krügerrand, wo soll ich 'n die jetzt …?

KEIM Des san die vom Doktor Matschel. *Zu Matschel* Ihre Krügerrand hättn mir jetzt da.

MATSCHEL Ah ja, die Krügerrand tun S' derweil owi ins Depot, i kimm dann glei nach.

KEIM Ham S' es ghört, Fräulein Hattenhofinger? Gehn S' derweil ins Depot.

Fräulein Hattenhofinger geht. Ein Kunde hinter Matschel mischt sich ein.

KUNDE Sagen Sie, Krügerrand, äh, Gold, rentiert sich das überhaupt?

MATSCHEL Mei, Gold is Gold, die einen glauben an Dollar, die andern ans Gold; ich persönlich tendier zu beidem. *Zum Hund, den er im Arm hat* Gell, Hexi, mir glaubn an beides? Ja, brav. Derf i? *Er nimmt ein Bonbon aus einer Bonbonniere am Schalter.*

KEIM Ja, freilich, soviel Sie wollen, nehmen S' ruhig, Herr Doktor.

MATSCHEL Sie is a Süße, unser Hexi, sie is a ganza Süße, gell, Hexi, samma eine ganz eine Süße.

SADOWSKI *der im Eingang stehengeblieben ist, kommt zurück* Sie, Fräulein Keim, ich hab ma des noch amal überlegt, jetzt bin ich seit siebzehn Jahren Kunde bei derer Bank, und oamal wennst was brauchst, na wird ma so abgspeist.

KEIM Herr Sadowski, Ihre persönlichen Umstände habe ich nicht zu verantworten. Ihr finanzieller Spielraum bei uns is amal restlos ausgereizt. Es tut mir leid, des ich des jetzt hier vor den Herrschaften so in aller Öffentlichkeit sagen muss, aber Sie wollen's ja offenbar nicht anders.

SADOWSKI Ja, aber, da kann i mi ja aufhängn.
KEIM Herr Sadowski, ich wünsche Ihnen alles Gute, aber, wie gsagt …
SADOWSKI Kimm, Robert, gehma.
KEIM Wiederschaugn, Herr Sadowski.
MATSCHEL *sieht ihm nach* Soll er doch ins Leihhaus geh, is doch koa Schand mehr heutzutag, was glauben Sie, wer da heutzutag alles im Leihhaus rumkugelt, is doch nix Ehrenrühriges, ins Leihhaus gehen, oder?
KUNDE *hinter ihm* Nö!
KEIM *wartet, bis Sadowski zur Tür raus ist* Herr Doktor Matschel, um ins Leihhaus zu gehen, muaß ma was zum Verleihen ham.
MATSCHEL Aber Kinder halten!
KUNDE Ja, Kinder ham die alle.
MATSCHEL Hexi, pfui, pfui! Ja, Hexi, so, jaa, jaa, braav … *Er lässt den Hund wieder laufen.*
KEIM Hier, wenn S' bitte unterschreiben. Ihr Geld bekommen S' dann an der Kasse. War sonst noch irgendwas?
MATSCHEL Ja, mir sehn uns dann unten im Depot.
KEIM Ja, hahaha, äh, ich mach derweil gschwind den Herrn da.
Matschel geht zur Kasse.

KASSENFRÄULEIN Wenn S'bittschön mitzählen. Wie wolln S' es denn?

MATSCHEL Wie's daherkommt.

Matschel studiert, während er Geld zählen lässt, die Spendenvordruckformulare, die an der Kasse ausliegen. Ah ja, da fallt mir noch ein, Fräulein Keim, Afghanistan, da war doch erst kürzlich dieser Aufruf, so a Spendenaktion oder so.

KEIM Ja, da muss ich ma gucken.

MATSCHEL Da muss a Formular aufliegen, schaun S' doch amal.

KEIM *blättert* Hmhmhm, Äthiopien, meinen Sie.

MATSCHEL Naa, naa, Afghanistan, Afghanistan, Fräulein Keim.

KEIM Oder hier, Sahelzone, da können Sie spenden, da könnten Sie …

MATSCHEL Naa, Afghanistan! Fuchzig Mark sans ma wert, diese armen Schweine, aber Afghanistan!

KEIM Aktion Misereor, meinen …

MATSCHEL Naa, Afghanistan. I hab ja gsagt, net …

KEIM Brot für die Welt …

MATSCHEL Des is ma vui zu pauschal, was hoaßt da Brot für die Welt, i hab gsagt, Afghanistan, i hab gsagt, i geb zwanzig Mark für Afghanistan, und dann is der Fall für mich amal wieder erledigt, net?

KEIM Caritas hätten wir hier, dann SOS-Kinderdorf …

MATSCHEL Naa, Afghanistan!

FRÖSCHLEIN *Filialleiter, kommt und ruft* Fräulein Keim, bitte alle Unterlagen zum Südfleischverwertungsdepot Schwaben! – Ah, Tach, Herr Doktor Matschel. Tach.

MATSCHEL Ja, Herr Fröschlein, geht's gut?

FRÖSCHLEIN Danke der Nachfrage. Übrigens, Ihr Ankauf Amalienstraße 17 ist jetzt weitgehend perfekt, da können wir paraphieren.

MATSCHEL Ja, aber erst nach'm Urlaub. Herr, äh, Fröschlein, i bin jetzt für a paar Tag in der Schweiz, gell, Hexi, es Herrle is jetzt dann in der Schweiz, gell?

FRÖSCHLEIN Ah ja, dann schönen Urlaub, viel Spaß noch. Wiedersehn.

MATSCHEL Ja, danke, Ihnen auch, äh, ja, äh, Fräulein Keim, ham Sie's jetzt?

KEIM Hier: Aktion Sorgenkind, äh, mit fünf Mark sind Sie dabei.

MATSCHEL Naa, ich hab gsagt, Afghanistan – zehn Mark spend ich ihnen, Sorgen hab i selber. – Sorgen wern Sie aa ham, oder, Fräuln Keim?

KEIM Ja, das kann man wohl sagen.

MATSCHEL Also, Afghanistan, net wahr?

KEIM Hier, Nicaragua, das ist jetzt neu im Angebot.

MATSCHEL *grimmig* Ach, sonst no was, net?

KEIM Oder hier, Bangladesch, wo diese Überschwemmungen jetzt gerade warn. Die müssen also enorm hungern. Da wird gern gespendet.

MATSCHEL Ja, des glaub ich Ihnen, aber die kriegen nix, weil ich hab gsagt, Afghanistan. Des is da in Mittelasien, schaun S' halt amal.

KEIM Dann hätten wir hier Unicef, Terres des Hommes, oder hier, Amnesty International.

MATSCHEL Ja, so weit kommt's, da kann i ja glei in Moskau a Konto eröffnen. Na, also, wissen S' was, Fräulein Keim, ich geh jetzt nüber zum Feinkost Huber, da kauf ich mir an Chateauneuf-du-Pape, Jahrgang 75, da weiß ich, wie 's Geld angelegt ist, da weiß ich wenigstens, wo's hinkommt.

KEIM Ja, aber vorher gehn wir noch kurz runter ins Depot.

MATSCHEL Ja, genau, des is a Idee, des machma glei.

DER SPANISCHE
LEBENSRETTER

Otto Miez, Makler, fegt seine Gartenterrasse. Er ist bereits im Anzug, in dem er Gäste erwartet.
Marlies Miez, ebenfalls bereits im Kleid, dekoriert einen Nippesbeistelltisch.
Armando, der spanische Lebensretter, lehnt in Cordhose und Ringelpullover am Rosenspalier und raucht.
Boris, der Sohn, kommt mit einem Anliegen auf die Terrasse.

BORIS Du, Bappa, wos is mit dem Scheck, den wost ma vasprochn hast?
OTTO Ja, Boris, i hab jetz koa Zeit, kimmst nachher wieder.
BORIS Aber, i brauch doch den Scheck ...
MARLIES Sei stad, hast as net ghört, was der Bappa gsagt hat?
Boris geht wieder ins Haus.

Aso ko der fei net rumlaffa, wenn de kemman. Was macht 'n des für an Eindruck.

OTTO Mei, er hat ja nix, bei eahm is doch Wurscht, er is eh a Ausländer. Bei dene woaß ma's doch.

MARLIES Naa, aba aso kimmt ma der net an'n Tisch. Na gibst eahm was vo deine Sachn.

OTTO Vo mir passt eahm doch gar nix.

MARLIES Des is mir ganz egal. Da herunt wird anständig rumglaufn, wenn ma scho wega eahm d' Leut eiladt. Jetz sagst as eahm.

OTTO Ah – Armando, du jetz umziehen, Sakko, ja fesch, ah, wir hinauf, weil Gäste bald da.

MARLIES Besuch!

ARMANDO Gutt, gutt.

MARLIES Ja, gut anziehen, Besuch, du Kavalier.

OTTO Ja, genau, du Dschäntlmän machen. Fesch. Komm. Auf. Mitkommen.

ARMANDO Gutt.

Otto packt Armando und nimmt ihn mit nach oben. Es läutet. Marlies richtet ihre Frisur und ihr Kleid vor dem Spiegel, geht zur Eingangstür.

MARLIES *im Gehen* Ja, ja, ich komm schon. *Der Pudel bellt.* Yvette, schön brav sein! Pfui! *Hubert und Adelheid Jessike und Pudel Sascha treten ein. Allgemeines Hallo-Hallöchen. Pfui, Sascha, lass das! Yvette! Pfui, Platz! Tach, find ichjaKlasse, wiegehts usw.*

MARLIES Ja also, kommts rein, legts ab. Ihr kennts euch doch aus. Pfui! Ja, brav, Sascha, ja wo is er denn?

ADELHEID Gut siehste aus, Marlies, ehrlich klasse, nich wahr, Hupsi, wart ihr in Urlaub?

OTTO Ja da is er ja, ja brav is er, ja da is er ja, der Sascha, ein alter Schlawiner.

ADELHEID Hallo, hallöchen, Otto-Süßi, find ich ja klasse, na, Yvette, du Süße, ja lieb is sie …

OTTO Servus, Hupsi, wie schaugt's aus?

HUBERT Na ja, der Witterung entsprechend. Hahaha …

OTTO Kommts rein, legts ab. Mir ham scho gwart.

ADELHEID Sind Eberhard und Conny schon da?

OTTO Naa, aber mir warten schon.

MARLIES Da, des is der Armando, des is der, der wo am Otto das Leben gerettet hat.

HUBERT Ah jaja, Tach.

ADELHEID Find ich ja klasse, hallo.

OTTO Also kommts, gehma auf d' Terrasse.

Armando, jetzt in einem – schlecht sitzenden – Anzug von Otto mit dazugehöriger Krawatte, verbeugt sich. Die anderen gehen achtlos an ihm vorbei auf die Terrasse.

ADELHEID Ah, is ja entzückend arrangiert, pfui, Sascha, wirklich klasse, so richtig mit Stil …

MARLIES Mei, mir ham uns denkt, zu Ehren vom Armando.

OTTO Weil er mir's Leben grettet hat. Setzts euch, mögts an Aperitif?

MARLIES Mir ham an Coppa Cabana da oder an Harakiri.

ADELHEID Is ja klasse, mir 'nen doppelten Coppa Cabana, bitte.

MARLIES Du, Hubert?

HUBERT Mir 'ne Coca und vielleicht 'n Schuss Bacardi, wenn de erübrigen kannst.

ADELHEID Tja, ein Wetterchen ist das heute wieder, richtig klasse.

OTTO Ja, schön is. Mir bringts a Bier!

ADELHEID Was 'n das für 'n Kopf da? Is der neu?

MARLIES Der Otto hat 'n kauft, mit dreißig Prozent, des is a Bacchus.

ADELHEID Was 'n das?

OTTO Mei, eine Art Dionys.

ADELHEID Ah so, klasse.

MARLIES *serviert Getränke* Dass da Eberhard

und de Conny no net da san. De san doch oiwei unpünktlich. Immer dasselbe.

ADELHEID Die streiten sich ja auch ständig, was man so hört.

OTTO *zu Hubert* Mei, mit der gspinnerten Goaß dad i aa zammruckn.

HUBERT *nimmt Getränk* Oh, danke Marliesschätzchen. Ja, bei uns is es jetzt dann so weit. Nächsten Mittwoch ham wa Termin.

ADELHEID Gott sei Dank, endlich.

OTTO Ah so, wega der Scheidung.

MARLIES Und wer kriegt nachert de Natascha?

ADELHEID Ich natürlich.

HUBERT Nein, nein, liebe Adelheid, ich würde sagen, der bessere Anwalt. Hahaha …

ADELHEID Seit die Scheidung ins Haus steht, haben Hupsi und ich 'ne klasse Beziehung. Nicht wahr, Hupsi? Pfui, Sascha, lass das! *Trinkt ihr Glas ex.*

MARLIES Was is, fangma scho an derweil?

OTTO Mei, der Eberhard wird no was doa müaßn, er is ja finanziell schwer am Paddeln.

HUBERT Der Mann ist liquide wie 'n Penner, was man so hört.

OTTO Keine müde Mark mehr, mir ham eahm aa bloß eiglodn, weil ma 'n no von früher kennen.

MARLIES Also, i dad sagn, mir fangen derweil scho mal an. *Verteilt Kuchen. Es läutet.* Des wern doch net scho de sei?!
Marlies geht zur Tür, gefolgt von Otto, Armando lehnt verloren am Rosenspalier und raucht, Adelheid schenkt sich ihr Glas wieder voll. Im Hintergrund Begrüßung.
HUBERT Wenn du dich heute wieder so vollsäufst, du Schnapsdrossel, dann lass ich dich stehn wie 'n Sack Kartoffeln.
ADELHEID Ach, halt die Klappe, ich sag dir ja auch nicht, wie beschissen du heute aussiehst, du altes Arschloch. – Hallo, hallöchen, Eberhard, na endlich!
Eberhard und Conny und Pudel Patrick erscheinen im Disco-Look.
HUBERT Schön, dass man euch mal wieder sieht.
EBERHARD Grüß euch. Hi, Jungs und Mädchen.
CONNY Na, ihr Süßen, wie geht's?
MARLIES Da, des is der Armando, der wo am Otto das Leben grettet hat.
EBERHARD Ah so, der …
CONNY Tatsächlich.
OTTO Legts ab, hockts euch her, es kennts euch eh aus. Mögts an Aperitif?

MARLIES Mir hätten fei scho fast angfangt ohne euch.

EBERHARD Mei, i hab no an kloana Deal ghabt. I hab an Targa verkaufn müaßn mit 60 000 Kilometer, wei 'n da Kunde aso wolln hat. Er hat natürlich 160 000 draufghabt, aber wenn an der Kunde mit 60 ham will, bittschön, i verkauf meine Autos mit de Kilometer, wia's da Kunde wünscht. Muaßt scho entschuldigen, aber wega zehn Braune netto nebenher lass i aa mal an guatn Spezi a bissl wartn.

MARLIES Mögts an Coppa Cabana oder an Harakiri oder was Normals?

OTTO O mei, du machst ja vielleicht Sandler gschäftln. Schaug, i mach oa Gschäft im Monat, und des glangt ma nachert fürs ganze Jahr.

EBERHARD Ah geh ...

MARLIES Armando, du dir ...

OTTO Schaug, i hab am Professor, hab i a Grundstück verkaaft. Den reinen Sumpf. Der hat des net überrissn, dass des koa Bauland is. I hab's eahm finanziert, und jetz is dem gstudiertn Schlaumeier der Saft ausganga. Grad gwuislt hat er, wie er's nimmer zahln hat kenna. Er hat direkt an Kniefall gmacht, na hab i's eahm wieder zruckkauft für d' Hälftn. Und jetzt hab i scho wieder an Deppn an der Hand, aa so an Akademiker, der wo ma's fürs Dreifache wieder abkauft. Der frisst ma aus da Hand, grad dass er's kriagt. Woaßt, des san Gschäfteln. Wega zehn Braune geh i doch gar net ans Telefon.

MARLIES *beginnt plötzlich zu heulen* Und ois kriagt die Schlampn, diese Sau, diese miserablige. A Wohnung hat er ihr kauft, und eigricht hat er's ihr aa und an Porsche fahrts, und i hab no net amal mei Leopard, den wo er mir scho seit'm Frühjahr versprochen hat.

CONNY Ach, Marlies, nimm's nicht so schwer. Schau, der meine hat auch einer 'ne Wohnung bezahlt, und jetzt is er pleite, die Flasche.

EBERHARD Was, i pleite?

CONNY Ja, pleite biste, du Pfeife, gib's doch zu!

MARLIES Ois schiabt er dera Schnoil in'n Hintern nei, dabei hat er mir an Leopard versprochn, und der Scheck, den wo er mir gebn hat, der war gsperrt.

OTTO Ah geh, halt's Mau. Oiwei de Krampf. Wei woaßt, Hupsi, an ara finanziellen Nestwärme, da hab i's bei ihra no nia fehln lassn. *Zu Marlies* Was war denn, wiasd des ghabt hast mit dera Zyste, da hab i dir aa an Professor Moser zahlt.

Der hat ganz schee higlangt, und jetzt kamad sie daher mit ihrm Scheißleopard!

MARLIES Weilst mir 'n versprochen hast!

OTTO Ah geh, was kost der Scherz? *Wirft ihr 20 000 Mark in bar vor die Füße.* Da, kaaf da dein Umhang, aba na gibst a Ruah! I wui nix mehr hörn.

BORIS Du, Bappa, i muaß jetz nachert geh. Kriag i jetz mein Scheck?

HUBERT Pass aber auf, dass dir dein Papi nicht den Scheck sperrt ...

BORIS Von meim Bappa nehm ich schon an Scheck, gell, Bappa?

OTTO *hat den Scheck ausgestellt* Da, und jetz schaugst, dass d' weiterkommst, mir wolln unter uns sei ...

EBERHARD *haut Conny eine kräftige Ohrfeige runter* So! Und wennst ma du no amal sagst, dass i pleite bin, na hau i di zum Deifi, du Goaß, dass d' as genau woaßt.

Conny beginnt heftig zu heulen.

ADELHEID Lass dir das nicht gefallen, Conny. Ich bin Zeuge! Nimm dir 'nen Anwalt. Du musst dich wehren! Schau, ich lass mir von Hupsi auch nichts mehr bieten. Der hat austyrannisiert.

HUBERT Na, das wolln wir mal sehn. Hier, zieh dir eine Karte. *Hält ihr fünf Visitenkarten hin.* Das ist dann der Anwalt, mit dem du's zu tun haben wirst, du Schnepfe. *Zu Otto* Im Zeitalter der Emanzipation kommt dir im Endeffekt 'ne Nutte billiger.

OTTO *zieht Spielkarten aus der Tasche* Da hast recht. Was is, spui ma oan?

HUBERT Klasse.

EBERHARD Von mir aus. Lassma de Weiber tanzn.

OTTO Gehts her, auf geht's.

HUBERT Wer gibt?

EBERHARD *scheucht Conny von ihrem Platz* Ffft, fft, Fliege.

Die Männer setzen sich zusammen an die eine Tischhälfte, die Damen sammeln sich an der anderen Tischhälfte; Adelheid holt sich selbst ein Limoglas voll mit Schnaps, Otto zieht die Tischdecke über Kaffee und Kuchen, Armando steht am Spalier und raucht. Otto teilt Karten aus. Armando hat seine Gitarre neben sich.

MARLIES Mögts no a Stückl Kuchen?

Armando beginnt, Gitarre zu spielen. Dabei: 18 – 20 – 2 – 4 – 7 – 30 – weg, 3 – 6 – weg.

MARLIES Der Otto will also unbedingt schwimmen. I sag no, naa, jetz setzt doch glei die Flut ein, aber er nix wia nei ins Wasser. Na hör ich 'n scho. Hilfe, Hilfe. I siehg an Armando, wie er neihupft …

OTTO Ah ja, am Ismeier Winfried hat aa scho mal oana as Leben gerettet … Grang.

EBERHARD Des war aber auf de Seychellen.

MARLIES Ja, genau.

OTTO Wer kommt raus? *Blickt Armando an, der wunderbar Gitarre spielt.*

EBERHARD Da Hupsi.

Otto drückt entschlossen den Kassettenrecorder an, dreht lauter und deckt Armandos Gitarrenspiel mit Discomusik zu.

CONVERTIBILITÄT

Wissen Sie, ich meine – Gott sei Dank sind mir convertible – also kann ich mir was kaufen für mein Geld –, Sie wissen schon, weil drüben sinds alle nicht convertible, drum kriegens nur bei sich was, aber bei uns nichts – weil hinter dem Geld muss eine Arbeit stehen oder eine Leistung –, und die drüben können sich nichts leisten, weil s' nix leisten.

Bei uns ist das Geld anders definiert, weil es sich selbst vermehrt allein dadurch, dass es vorhanden ist. Ich hätte da einen Vorschlag, wie man gut leben könnte: Das wäre, Japan als Ganzes, sagen wir auf zehn Jahre, zu leasen – ein Leasingvertrag –, und dann des Japan an Österreich weiterverpachten und dafür eine Vermittlungsprovision kassieren, und dann könnte man leicht eine Weihwasserpipeline vom Vatikan durch die Bundesrepublik legen, dann spart man sich diese Container, und die Pipeline müsste bis nach

Tschechenstochau in Polen gehen, und der ganze katholische Bereich wäre amal versorgt. Übrigens, in Brasilien oder so kann man sich, wenn man einen Konkurrenten ausschalten will, einen Killer, wenn er öffentlich-staatlich anerkannt ist, auch steuerlich abschreiben. Ich lege übrigens mein Geld in Luzern an, weil das ist die eigentliche Schweiz. Und wenn Sizilien einmal Kalifornien wird und der Goldrausch – ach, ich finde es so schön, dass ich convertible bin.

STILLE HILFE

Liabe Leitl – 's isch mir eine Freid, dass mir heit z' enk auf Bsuach kemman können. Weil mir denkt ham, 's ischt Zeit, ins zu bedanken für die stille und lautlose Hilfe, die z'ös habts ins angedeihen lassen. Dieser Bsuach soll als eine Demonstration gwertet werden, dass mir mit dem Herrn Bletschacher durchaus verbunden sein, auch wenn immer a bissl ebbs von dem Wezi von derer Summe, die z'ös habts z' ins einigschickt, gfehlt hat. Aber des mit seine Kasschachtelen muaß ma aa verstehn, es war halt amal sein Steckenpferd. Aber was sich die Jurischten da ausdenkt ham, dass sie eahm glei hinter schwedische Gardinen an Hefn neigsteckt ham, dös is unmenschlich.

Und inser persönlicher Dank gilt natürlich auch enkan ehemaligen Burgermoaster, dem Kiesl Erich, hoffentlich bleibt er no a bissele krank, weil sinscht muaß er wahrscheinlich aa gleich zum Bletschacher eini. Aber selbst wenn er a paar Jahrl da drein verbringen muaß – mir mechten eahm sagen, er braucht koa Angscht ham, mir passen schon auf sein Anwesen auf – welches er so günschtig bei ins erworben hat. Wann's sein muaß, bewachen mir sei Häusl rund um die Uhr, und am Journalisten, der do sei Nasn reisteckt, dem dean mir oane aufibrennen, dass eahm des Törggelen vergeht und er koa Marenden nimmer braucht, der Siach. Sinscht noch amal herzlichen Dank für die Zuwendungen und vor allem für die Hilfe, dass mir so günstig über eich den tschechischen Sprengstoff ins haben besorgen können. Mit Sprengstoff samma jetza eideckt, aber mir werdn mit enk jedes Gramm, was mir verbrauchen, genau abrechnen – nit, dass ös glaubts mir gengan leichtfertig damit um. No ja, ös kennts ja den Spruch – Mander ans Gewehr, wo der Feind isch, da isch Ehr. Bevor mir aber mit enk des Liadl – zu Stacklheim in Banden – singen, möchten mir enk noch a Freid machen. Mir ham a Kassettn mitbracht, de kennts dann nach Stadlheim am Bletschacher überreichen, dass er in stillen Stunden sich erquicken kann mit unserer Gebirgsschützenmeditation – i spiel's enk amal vor. Da, das isch das Berg-Isl-Gedenkschiaßn im Sommer

1973 – und jetza das Andreas-Hofer-Schiaßn im Herbst 1960, und jetza a Schmankerl, das große Tiroler Freitheitsschiaß auf der Muattnalm im Februar 1949 ... Halt, ich glaub, der Ton, da war ebbas nit ganz perfekt – machma's no mal. Herrlich – also, da is das Kassettale, und sagts eahm im Gfängnis drein ein scheana Gruaß – und isch der Weg ano so steil, a bissle ebbs geaht allerweil.

EUROPA UND BIER

Dreißigtausend Menschen klatschen, stampfen, schreien ekstatisch, rhythmisch: »Bier her, Bier her, Bier her, oder i fall um«, dann: »Ein Prosit der Gemütlichkeit«! Das Bierzelt ist zum Brechen voll, es dampft, es qualmt, es ist für den, der neu kommt, wie ein Hexenkessel. Ohrenbetäubend der Lärm. Bier – Rausch – Gewoge!

Die da schreien, kommen von überall her und sind durstig, und sie zahlen jeden Preis, um da zu sein. Ein Liter Benzin DM 1.40, ein Liter Bier DM 8.–. Das ist nichts. In Schweden kann der Liter Bier auch DM 20.– kosten. Wasserblaue riesige Augen widerspiegeln tiefes, unendlich tiefes Erstaunen. Die Dame aus dem Norden ist Alkoholentzugstherapeutin. Fast gewalttätig wird ihr zugeprostet. – Gemütlichkeit heißt die Parole! Da gibt's kein Widerstand. Das Bier muss hinein!

Europa – ein Oktoberfest! Nach zehn Maß Bier geht man heim. Es war grandios! Die Alkoholleichen kommen von überall her. Aus Frankreich, Spanien, England, Italien. Der unter dem Tisch kommt direkt vom Oktoberfest aus Carrara.

So viel Bier in sich zu haben, vollgesogen zu sein wie ein Schwamm, muss etwas Großartiges sein. Die Kinder werden eingesammelt und so lange aufbewahrt, bis ihre Besitzer, schon im Bus heim nach Verona, Reims oder Lüttich, zurückkommen, um sie abzuholen. Bier! Bockbier! Weißbierbock! Doppelbock! Jeder Schluck eine Persönlichkeit. Europäische Bierwallfahrten werden organisiert. Von Altötting nach Lourdes. Von Fatima nach Tschechenstochau zum Bier. Und als Proviant Fässer Bier. Wunder machen durstig. Bier und Marienerscheinungen!

Sie kommen aus den Fjorden des Nordens ans sonnendurchgleißte Mittelmeer zum Weißbier. Was heißt da Reinheitsgebot? Wer Durst hat, trinkt Bier. Ganz einfach Bier. Der Biergarten? Ja, das wäre etwas. Er brächte Ruhe ins Biertrinken. Keine deutschen Eichen – Rosskastanienwälder überzögen Europa. Herrliche Schattenspender beschützten uns vor dem Ozonloch, wir tränken unser tägliches Bier, sauften nicht, grölten nicht – bedächtig genössen wir unser Bier.

Am Atlantik oder an der Wolga! Nur so dasitzen. Leise fächelt der Wind.

Wir Europäer trinken uns zu. Von fern ertönt feine Blechmusik. Ohne Verstärker, versteht sich.

Wir Europäer verstehen uns.

Und wer das Bier alkoholfrei will, kann sich ja einen Schnaps dazubestellen!

DAS INTERVIEW

Am Eingang des Flughafenankunftgebäudes spielt eine uniformierte Blaskapelle die letzten Takte eines Marsches. Fünf Männer mit Sonnenbrillen und arabischer Kluft hören sich das Konzert an, daneben Empfangsdelegierte in europäischen Straßenanzügen. Ein Tonmann überprüft sein Mikrofon. Ein Simultandolmetscher und eine Reporterin in Wartestellung. Die Musik ist zu Ende. Dünner Applaus.

REPORTERIN Meine sehr verehrten Damen und Herren, wir haben hier zu Gast bei uns Herrn Muhammed Aljussuf Ali Ben Bakr Abu Aljussuf Ben Schalim, der sich zur Zeit in Deutschland aufhält. Und nun zugleich die Frage: Herr Muhammed Ali Ben Bakr Ben Schalim, Sie sind in die Bundesrepublik Deutschland gekommen, um nicht nur private, sondern auch andere Interessen zu vertreten.

DOLMETSCHER *beginnt ab »Frage« simultan*
Mister Abu Bakr, do you have any other interests, more private invested, I mean money, in the Bundesrepublik Germany, or what do you think about it.

Mohammed Aljussuf Ali Ben Bakr Abu Aljussuf Ben Schalim legt in bestem Arabisch los, wobei er sich allmählich steigert.

DOLMETSCHER So – aha – ah so, ja, er meint, also in dem Sinn, er sagt, im Grunde genommen – haha, ja – es ist doch so – weil andererseits – ja, genau – ah geh, na so – ja, was is des, er sagt, augenblicklich bei dieser Sachlage, also Öl. Ja, genau, Öl.

REPORTERIN *beginnt ab »in dem Sinn« simultan*
Herr Bakr meint – er spricht die internationalen Beziehungen an, hinsichtlich im Grunde genommen überregionaler Phänomene –, wobei andererseits durchaus Fragen offenstehen, die expressis verbis augenblicklich bei dieser Sachlage der Erläuterung bedürfen, durchaus oder besser gesagt, Öl. Mit anderen Worten: Öl. Hoffen wir also auf eine fruchtbare Erweiterung der Beziehungen zwischen Ihrem und unserem Lande, Herr Bakr. Wir bedanken uns für das Gespräch und geben zurück ins Studio.

DOLMETSCHER Thank you, Mister Bakr, for that interesting speech.
BAKR Nein, nein, du haben falsch iebersetz, gesagt will sagen, in Europa gehn die Lichter aus.
Die Blaskapelle setzt erneut ein.

HERR
TSCHABOBO

Hanna und Egon Stoiber sowie Bubi, Opa Stoiber und Besuch Romy und Herbert Schwalbe sitzen vor einem gedeckten Kaffeetisch.

HANNA Na ja, mir ham ihn dann doch gnommen, weil er is ausgesprochen sauber. Also, er wäscht sich, und er schwitzt auch gar net.

EGON Obwohl ma ja sonst vom Neger im Allgemeinen sagt, dass er immer so transpiriert.

HANNA Nein, des is also jetz bei unserm gar net der Fall. Also, ma riecht fast gar nix. Er ist auch aus bestem Hause. Sei Vater is irgendwie a König oder so, in Tschurangrati.

OPA Eine Art Häuptling oder Stammesfürst.

ROMY So. Und er is mitten aus Schwarzafrika?

EGON Ja, aber des war früher mal a Kolonie.

HANNA Obacht, i glaub, jetz kimmt er. Kommen S' rein, Herr Tschabobo, gleich gibt's an Kaffee! *Tschabobo erscheint.* Also, des is Herr und Frau Schwalbe, und des is der Herr Tschabobo, unser Untermieter.

HERBERT Angenehm.

ROMY Sehr nett.

TSCHABOBO Guten Tag.

HANNA Nehmen S' doch Platz, Herr Tschabobo, mögen S' amal an Gugelhupf probiern? Des wern S' wahrscheinlich no net kenna, des is eine Spezialität.

EGON Des werns net kenna da druntn, des gibt's da gwiss net bei dene.

HERBERT Na, an Gugelhupf kennens sicher net, woher sollns 'n auch kennen, an Gugelhupf.

HANNA Gell, an Gugelhupf kennen Sie nicht, Herr Tschabobo, aber so was wie a Gebäck, des gibt's doch sicher auch bei Ihnen da drunten.

TSCHABOBO Ja, wir haben schon Gebäck, aber Gugelhupf gibt es nicht.

EGON Gell, an Gugelhupf kennens net. Er sagt's ja selber.

OPA Obwohl der Neger ja zeitweise mit der deutschen Küche in Berührung kam, unter Lettow-Vorbeck. Speziell als Küchenpersonal. Davor wurde ja dort noch Menschenfleisch verzehrt.

Nich war, Herr, ah, Tschabobo, bei Ihnen werden ja die Gerichte, sagen wir mal, mehr auf der Basis von Bananen entwickelt und diesen Kokosnüssen, oder?

HANNA Jetz lassts halt amal an Herrn Tschabobo in Ruhe sein Gugelhupf probieren. *Schiebt ihm ein Stück hin.* Da, jetz beißen S' amal nei. *Herr Tschabobo beißt.* Es is koa Zucker drin, sondern nur a Süßstoff. Schmeckt's?

Herr Tschabobo würgt den trockenen Kuchen hinunter.

HERBERT Für an Neger muss des doch hochinteressant sein, amal so an Gugelhupf probieren.

EGON Vor allem, wenn er 'n no net kennt hat vorher.

HANNA Essen S' ruhig auf, mir ham scho noch. Sie kriegen gern noch a Stückl, wenn S' wolln. Mei Mann vertragt 'n net, ich ess sowieso kein Kuchen, und der Bubi hat zur Zeit seine Hamburgerphase. Was is, Herbert, Romy, mögts ihr no a Stück?

HERBERT Naa, dankschön.

ROMY Später vielleicht.

HANNA Aber an Hamburger kennen Sie schon, Herr Tschabobo?

TSCHABOBO *mit vollgeklebtem Mund* Mhm.

EGON Freilich kennt er an Hamburger, an Hamburger kennt heut a jeder, außer am Ostblock vielleicht. Aber de da drunten, de ham sicher an Hamburger.

HERBERT Natürlich hams Hamburger, sogar Cheeseburger. Ich kenn doch die Verhältnisse da drunten. Mir ham vorigs Jahr doch diese Pauschalreise nunter gmacht. Neinhundatzwoarazwanzig Mark, nach Kibi. Da hams 'n immer am Strand serviert. Vom Hotel aus. Kennen Sie vielleicht zufällig as Hotel Elfenbein? *Herr Tschabobo schüttelt den Kopf.* Da is's sehr nett, da müaßadn S' direkt amal hifahrn. De Schwarzen, de da bedienen, san sehr freundlich. Freilich, im Landesinneren, da hams keine Hamburger. Mir ham so a Safari gmacht, in so an Kraal, und da hams keine Hamburger ghabt, weil der Hamburger muss ja tiefgefroren sein, und de ham ja kein Strom, drum essen ihn dort nur Leute aus besseren Kreisen.

OPA Also die Volksgrundnahrung is nach wie vor Kokosnuss und Banane.

EGON Bananen san doch nix Schlechtes, oder, Herr Tschabobo?

TSCHABOBO *würgt noch am Kuchen* Mmm …

EGON Da, er sagt's selber, Bananen sans gwohnt, de mögns.

HANNA Aber jetz is er scho mal da bei uns, der Herr Tschabobo, und bei uns, da kriegt er jetz an Gugelhupf. So, da nehmen S' jetz noch a Stück.

TSCHABOBO *macht abwehrende Geste* Mmm ...

HANNA Sie brauchen Eahna nix denken, es is genug da. *Legt ihm noch ein Stück auf den Teller.* Er is ja so bescheiden, unser Herr Tschabobo. – Is er gut?

EGON Es is halt amal was anderes, gell?

TSCHABOBO *kaut mühsam* Mhm.

HERBERT Was s' aa sehr gern essen da druntn, des is a so a grünes Ding, aso rund ...

HANNA Des san Kiwi.

HERBERT Naa, Mango.

EGON Ah, Mango ...

HANNA Naa, Kiwi.

OPA Ach so, Mango und Hirse ...

HERBERT Naa, aso rund und grünlich is es. Aber mehr rund.

HANNA Kiwi.

EGON Rohe Orangen oder Zitronen vielleicht.

HERBERT Naa, de essens net. Mango heißens.

HANNA Naa, Kiwi!

HANNA Fragts halt an Herrn Tschabobo, der muss es doch wissen. Ah, Herr Tschabobo, wie heißen jetz diese Früchte? Grün sans und rund.
EGON Is des jetz Mango oder Kiwi?
TSCHABOBO Beides ist möglich.
EGON Ja, da hat er recht. Gar net blöd.
HANNA Trotzdem warn's Kiwi.
HERBERT Naa, Mango.
HANNA Ah, Herr Tschabobo, Ihr Herr Vater is doch König, oder?
TSCHABOBO Ja, so könnte man sagen.
HANNA Da hat er's sicher auch net leicht. Weil früher war des was anders, aber heut is schwierig wordn.
EGON San Sie auch irgendwie politisch tätig?
TSCHABOBO Ja, etwas schon.
EGON Gell, ma muss allweil auf'm Laufenden sein …?
OPA Politisch ist man da unten lange nicht so interessiert wie bei uns.
EGON Ma hört ja selten was Gscheits von da druntn. Im Fernsehn, wenn s' was bringen, is des meistens nix Gscheits.
HERBERT Aber des Hotel, Elfenbein hat's gheißn, des war so gut organisiert. Gell, Romy? Der Strom is halt zweimal ausgfalln, aber des

Hotel so an und für sich, ja ... es is auch unter a deutschen Leitung.

OPA Ist Ihre Region schon christianisiert, ich meine, sind Sie bereits missioniert?

TSCHABOBO Wir haben einen katholischen Bischof.

HANNA Ah geh! Und die Protestantn sin auch vertreten?

TSCHABOBO Wahrscheinlich ...

HANNA Ah, jetz amal ganz was anders, Herr Tschabobo: Was treibt Sie denn eigentlich hier her zu uns, ich mein, was machen Sie so, beruflich, ich mein, genauer ...?

TSCHABOBO Tja, äh, ich war längere Zeit in Cambridge und Yale, habe dann eine Assistentenstelle in Frankfurt angenommen bei Professor Horowitz, und zur Zeit promoviere ich gerade über molekulare Spektralanalyse.

EGON Ah so, des is sicher hochinteressant. Da müssen S' wahrscheinlich viel arbeiten ...

TSCHABOBO Es geht.

HANNA Ah, Herr Tschabobo, mir ham da an ganz an persönlichen Wunsch. Wissen S', unser Bubi, der hat a neue Trommel kriegt. Und wie er ghört hat, dass Sie heut kommen, hat er gmeint, ob Sie net amal ihm a bissl was vortrommeln könntn. Könnten S' net so a bissl Urwaldatmosphäre ... fürn Bubi wär's halt a Mordsfreude. *Hält ihm eine Trommel hin.* Könnten S' net a bissl drauf musizirn, weil Sie können doch des ...

EGON Sonst hört ma's ja bloß noch im Radio.

HERBERT Im Hotel ham mir's Tag und Nacht ghört. Mir ham as Fenster zugmacht, sonst hätt ma net schlafn können. Gell, Romy ...

TSCHABOBO I'm sorry, Madam, aber ich bin nicht vom Busch ...

HANNA Da, bitte, Herr Tschabobo, fürn Bubi ...

TSCHABOBO ... bitte, wenn Sie meinen ... *Nimmt die Trommel.*

HANNA So, Bubi, jetz pass auf, jetz geht's los.

EGON Jetz hörst as Tamtam.

Herr Tschabobo trommelt matt.

OPA Hochinteressant ...

EGON Sehr gut. Des hat er halt im Blut, der Neger.

ALLES ÜBER
JUGOSLAWIEN

Karl A. Sotbrenner reflektiert.

Auf der Insel Krk ist der Sonnenschirm circa um die, ja, achthundertfünfzig Dinare zu haben, das sind zehn sechzig ziemlich genau, in Deutschland bereits eingewechselt, das Essen, ja, würd ich sagen, Wiener Schnitzel mit Pommes ist auch um die neunhundert Dinar zu haben, Personal etwas unzu… also muffig, nicht wahr, durchaus muffig, Beschwerden haben im Sozialismus wenig Sinn, sonst muss ich sagen, tja, das Meer, wir haben wenig gebadet, diese Nackedeistrände sind auch nichts für uns, zur Linken, zwohundert Meter circa, ist so eine Pizzeria, da konnte man ersatzweise mal was zu sich nehmen, auf der rechten Seite, auch so vier- fünfhundert Meter, war auch 'ne Pizzeria, die hat übrigens 'n Deutschstämmiger geführt, der kommt noch aus dem Banat, nicht wahr, der führt Pizza, ersatzweise auch mal was Einheimisches, wer's will, kann das essen, diese Cevapcici oder so was, sonst touristisch wenig interessant, nicht wahr, gibt zwar 'nen alten Kaiserpalast in der Nähe oder so, aber das haben wir uns diesmal nicht angetan, dafür sehr familiär, da waren auch nette Leute da, unser Nachbar, das war so 'n Audihändler aus Bad-Kleinkirchheim, sehr nette Leute das, nicht wahr, das Meer sehr sauber, sehr sauber, alles kanalisiert heute, nicht wahr, und wir sind dann mit einer wirklich tiefen Bräune nach Hause gefahren, und zwar Krk – Olching haben wir gemacht in circa dreizehn Stunden, gemacht bei einmaligem Tanken nur, ohne Aufenthalt durch Österreich ruckizucki durch, und schon waren wir also mit ganz dunklen Pigmenten zu Hause in Olching.

CAMPINGFREUDEN

Also, wir fahren praktisch jedes Jahr nach Jugoslawien, dann nach Istrien und auf an Campingplatz, ach, das Camping, das is so ... man hat ein ungebundenes Leben, gell, es is ... man hat sei Freiheit, man isst, wenn man will, wie man will, net, man braucht sich nicht umziehn dazu, da schaut kei Mensch danach, gell, bloß, sagen wir halt, diese Campingplätze da drunten, die sind ja schmutzig, also, ein Dreck, es is ja wahnsinnig, also, man glaubt es kaum, net, dieser Sozialismus, es is, ja, also, die Toiletten sind verstopft, und die Leute haben ja, reihenweise hams diese Darminfektionen, alle Touristen praktisch, net, und vor allem die Deutschen, net, also, wir haben's ja schon ghabt, bevor wir überhaupt hinkommen sind.

IM
URLAUB

Famile Stadler, Roland und Maria sowie die Kinder Bengt und Carmen, sitzen im Ferienappartement in Jugoslawien. Es regnet. Maria kocht Tee, Roland liest im Reisebüroprospekt, Bengt und Carmen spielen ein Computerspiel

BENGT Babba, wann fahrn mir 'n wieder?
ROLAND Ah, sei stad, mir san doch grad erscht kommen, des hört scho wieder auf.
MARIA Jetz sei net so ungeduldig, Bengt, mir samma hier im Süden.
ROLAND Des is hier der Mittelmeerraum, des Klima is hier mediterran.
MARIA Mir san ja erst an fünften Tag da …
Es klopft.
Ja, herein!
Herr Kaschke steht triefnass mit Schirm und Regenbekleidung in der Tür.

Ah, Herr Kaschke, kommen S' rein, mögen S' a Tass Tee, mir trinken grad an Tee.

ROLAND Mögen S' a Tasserl?

KASCHKE Neenee, lassen Se sich nich aufhalten, ich wollte Ihnen nur sagen, das mit dem Grillfest morgen, das fällt ins Wasser, also buchstäblich …

ROLAND Wieso? Des woaß ma net. Vielleicht is morgen scho a tadelloses Wetter. Mir san ja hier im Mittelmeerraum.

KASCHKE Tja, das wollen wir nicht mehr abwarten, wir streichen die Segel.

MARIA Ah geh, fahrn Sie scho? Mei, des is aber schad.

KASCHKE Wir sind jetzt seit zehn Tagen praktisch ständig unter Wasser. Sogar die beiden Holländer fahrn.

ROLAND Was, die auch?

MARIA Mei, jetz hätten die Kinder so nett spieln können mitanand.

KASCHKE Wissen Sie, das ist wie verhext, voriges Jahr in Sylt, vor zwei Jahren Normandie, jedes Mal dasselbe. Also dann, 'n schönen Urlaub noch.

MARIA Ja, Ihnen auch.

ROLAND Mir halten derweil die Stellung.

KASCHKE Ja, und viel Spaß noch.
MARIA Und fahrn S' fei schön vorsichtig bei dem Regen.
KASCHKE In Deutschland ist 'n Traumwetter, jedenfalls laut Wetterbericht.
ROLAND Ja, hier werd's a boid besser, mir san ja hier im Mittelmeerraum.
KASCHKE Ja, da wünsch ich Ihnen viel Glück, Wiedersehn.
ROLAND Wiederschaun.
MARIA Wiederschaun.
KASCHKE Also dann … *Geht.*
MARIA Roland, a Tee zum Aufwärmen?
ROLAND Ja.
MARIA Carmen, lass den Pullover an, sonst verkältst di noch! Dass die net amoi a Heizung da herin ham …
ROLAND Ja mei, des is der Mittelmeerraum …

Roland sucht im Radio einen deutschen Sender, findet Sender mit Nachrichten, Maria schaltet den Mixer an.
ROLAND Pst, hea auf, Wetterbericht!
Maria schaltet den Mixer ab. Während des Wetterberichts aus dem Radio lässt der Empfang spürbar nach. *Roland versucht nachzu-*

regulieren, Wellensalat, es funktioniert nicht. Wenn ich an Wetterbericht hör, kannst du doch net an Mixer anmachen.

MARIA Und wie is es Wetter?

ROLAND Angeblich schön. *Zu den Kindern* Jetz gehts amal runter vom Bett, Herrschaftszeitn, da ist der Tisch, da wird anständig gspielt.

MARIA Mei, weil s' aa net naus können …

BENGT Babba, wann fahrn mir denn wieder?

ROLAND Du, gell!

Ein Gewitter. Der Raum ist fast dunkel. Man sieht einen Mann als Silhouette im Eingang stehen.

ROLAND Hier, alles dunkel, kein Licht, no luce, finster.

MANN In ganz Dalmatien kein Strom, großes Katastroph.

MARIA Ja, un' mit was soll ich hier kochen?

MANN Weiß nicht.

MARIA Gut, dass ma Konserven dabeiham.

ROLAND Ja, aber, de müssen doch irgenwie wieder an Strom herbringen. Des is jetz scho an ganzen Tag!

MANN Tud mir leid. Rijeka kein Strom. Opatija kein Strom, nix Strom.

ROLAND Ja, aber, sagn S' amal, wird denn des Wetter wieder besser?

MANN Jajaja, schon, bald besser.

ROLAND Es muss ja, mir san ja hier im Mittelmeerraum.

MANN Jajaja, Mittelmeer.

Bengt und Carmen kommen durchnässt zur Tür herein.

MARIA Ja, um Gottes willen, Bengt, wie schaugts 'n ihr aus.

ROLAND Mei, die müssen ja auch amal naus.

MARIA Ja, aber schau dir das an. Des is doch a Sauerei. Wenn s' wenigstens länger draußt bliebm waarn …

ROLAND Mei, bei dem Wetter jagt ma net amal an Hund naus. Da könnens gar net länger draußt bleibm. Der oane Däne hat des aa gsagt, er sagt, so a Wetter hat er im Mittelmeerraum noch nie erlebt.

MARIA Da, des kriagt ma ja gar nimmer raus, diesen roten Dreck, es nächste Mal ziehts eure Schuh aber draußt aus.

ROLAND Der Däne hat aber gut lachen, weil der hat an Wohnwagen mit Heizung …

Familie Stadler sitzt eng zusammengerückt auf dem Bett, es regnet, der Fernseher läuft. Ein jugoslawisches Programm. Roland steht auf, geht zum Apparat, schaltet ein anderes Programm ein, wieder jugoslawisch. Roland schaltet den Fernseher ab.

ROLAND Bei uns war jetzt Sportschau ...

MARIA Was is, machma a Spiel?

Es regnet, regnet, regnet. Die Kinder sitzen apathisch herum, Roland liest den Reisebüroprospekt. Maria strickt.

ROLAND Wenn ma jetz a Video hätt ...

MARIA Was?

ROLAND I sog, jetz wenn ma a Videogerät dabeihätt ... *Am Fenster* I glaub, des hellt jetz auf ...

MARIA Was, wo? *Auch zum Fenster.*

ROLAND Da. *Deutet.*

MARIA Wo?

ROLAND Jessas, scho wieder. *Rennt aufs Klo.*

MARIA I siegh da fei nix, dass's heller werd.

ROLAND *aus dem Klo* Doch, doch! Vom Süden her!

MARIA Schmarrn. *Ein Kind niest.* Des hat no gfehlt. Was essma heit?

ROLAND Mach halt a Bohnenbüchse auf!

MARIA Konserven san fast alle aus!

ROLAND Dann kauf aber fei ja nix mehr ei, vor allem koan Paprika!
MARIA Geht's da scho besser?
Statt Antwort die Klospülung.
Roland, was is, geht's da scho besser?
ROLAND Frag net so blöd.
BENGT Babba, die Dänen san jetz aa weg.
ROLAND Vo mir aus.
MARIA Warum fahrn an mir net?
ROLAND *kommt aus dem Klo* Mir kanntn scho fahrn, aber mir ham doch ois scho zahlt, mit alle Schikanen.
Carmen niest wieder.
MARIA Des hat no gfehlt.

Carmen liegt im Bett, Bengt sitzt apathisch herum, Maria schreibt Urlaubspostkarten, Roland sitzt wieder auf dem Klo.
ROLAND Hast am Rüdiger Wolf scho gschriebn?!
MARIA Sowieso!
ROLAND Was hast 'n eahm gschriebn?!
MARIA Mei, des Übliche: erholsamer Urlaub un' so ...
Klospülung. Roland erscheint.
ROLAND Hast aber scho geschriebn, dass mir's schön ham.

MARIA Sowieso. Und so, mei, hamma's ja eigentlich aa ganz schön ...
BENGT Des stimmt doch gar net, Mami.
ROLAND Du halst di da raus, Saubua! Jessas ... *Verschwindet wieder.*
MARIA Wie geht's? Nimm noch a Kohletablette!
ROLAND Des vergeht scho wieder.
MARIA Soll ich an Dr. Gropper auch an Gruß schicken?
ROLAND Freilich, mach!
BENGT Mutti, schau, da kommen wieder zwei Wohnwägen.
MARIA Du, da kommen wieder zwei neue Wohnwägen!
ROLAND Jaja, werst sehn, des wird jetz dann besser, mir san ja hier im Mittelmeerraum!

TOURISTIKINFORMATION

MODERATOR Und nun, meine Hörer, haben wir Herrn Edenkofler von der Informationsstelle Touristik in Südtirol am Apparat. Hallo, Herr Edenkofler – hallo, Herr Edenkofler?

EDENKOFLER Jaja, ich höre ja schon.

MODERATOR Herr Edenkofler, Frage: Wie sieht's denn aus bei Ihnen unten nach dem schrecklichen Attentat, jetzt?

EDENKOFLER Ja, es isch herrlich. Also, das Wetter ist ganz hervorragend, schon die letzten Tage, wo es auch sehr guet … und der Herbscht isch hereingebrochen …

MODERATOR Nein, wir haben doch gehört, Herr Edenkofler, das Krankenhaus bei Meran ist doch in die Luft gesprengt wordn …

EDENKOFLER Der Wein steht wirklich guet, und das Laub, die Sonne, wo hineinscheint, Zimmerlen sein frei, also, das ganze Eisacktal hat ja jetzt mehrere Zimmerlen frei, seitdem die Autobahn ... da is es gar kein Problem mehr für Stammgäste, e Zimmerle zum kriege.

MODERATOR Nein, Herr Edenkofler, aber wir haben gehört, deutsche Touristen sollen verletzt worden sein ...

EDENKOFLER Ja, ich han bloß ghert e bissel ganz leicht, aber jetzt isch ja die Zeit, wo man sich an Kachelofen hinsitzen tuet, wo man sich's gmietlich macht und e Weindele trinkt und nachher den Edelkastanien horcht und e bissle Muusig, nid ...

MODERATOR Ja, Herr Edenkofler, aber ich meine, man hat gehört, die Attentäter haben angekündigt, die Bahn in die Luft zu sprengen.

EDENKOFLER Ja, also ich glaube, wenn man pünktlich wegfahrt, dann kemmt man auch pünktlich an. Im Himmel isch no e jeden pünktlich kemmen. Eh, wenn's eso sein soll, aber es isch wirklich herrlich wie selten. Die Temperaturen sein zwischen 18 und 21 Grad. Es isch also ...

MODERATOR Was sagt die Polizei dazu? Die Attentäter planen doch weitere organisierte Verbrechen, Herr Edenkofler?

EDENKOFLER Das Herbschtlaub gibt diese Beschaulichkeit wieder, wie's jetzt im Herbscht isch und das Südtirol eintaucht in ein malerischs, pittoreskes Bild, wie mer's sehr selten ... *Detonation einer Bombe.*

MODERATOR Hallo, Herr Edenkofler, hallo, hallo, Herr Edenkofler? Ja, so viel nun aus Südtirol, meine sehr verehrten Damen und Herren, und wir schalten jetzt um in unser Touristikinformationsbüro in San Sebastian im Baskenland.

ITALIEN

A: Und? Sie fahren nach Italien?
B: Ja, zuerst nach Rom, und dann Neapel!
A: Neapel! Sind Sie wahnsinnig?
B: Ich weiß. Aber was will ich machen – meine Frau will. Und außerdem, dieses Pompeji ...
A: Haben Sie wenigstens eine Waffe bei sich?
B: Sicher, ich habe einen Spray.
A: Spray? Wahnsinn, das genügt doch nicht. Spray! Wenn die Sie überfallen, dann haben die eine Kalaschnikow!
B: Sicher, der Spray ist nur gegen die Kinder gedacht, weil die ...
A: Genau, die gehen raffiniert vor. Wenn die Ihnen ein Kind auf den Hals schicken – sofort schauen, ob ein Carabiniere in der Nähe ist!
B: Sowieso, wir haben unsere Sachen unter Kontrolle.
A: Die Geldbörse?

B: … haben wir mit einem Sensor ausgerüstet. Das geht via Satellit.
A: Verstehe …
B: Wenn einer die Tasche wegreißt, mit dem Geldbeutel, ist da eine Rückkoppelung da, das geht über Berlin, und dann geht das sofort an die Polizei …
A: In Berlin?
B: Sicher, aber von dort direkt über Rom nach Neapel.
A: Glauben Sie, dass die in Neapel eingreifen?
B: Nein, das nicht, aber wenn die Geldtasche …
A: Sie meinen, man kann verfolgen, wo das ist?
B: Genau! Selbst wenn sie das Auto klauen …
A: … und in die Mongolei verschleppen.
B: … ich weiß immer, wo es ist.
A: Toll!
B: Außerdem, beim Auto weiß ich einen Trick.
A: Welchen?
B: Unverschämt parken.
A: Wie?
B: Ganz einfach irgendwo hinstellen. Vor der Polizeistation oder mitten auf die Straße.
A: Wie? Alles blockieren?
B: So ist es. Das fällt auf. Dann holt irgend jemand die Polizei, um es abzuschleppen.

A: Und wenn es wirklich abgeschleppt wird?
B: Dann weiß ich wenigstens, dieses Auto ist so lange wirklich bewacht.
A: Sie sind vielleicht ein gerissener Hund!
B: Was will man heute machen? Anders kann man heute nicht mehr verreisen.
A: Vor allem nicht nach Neapel.

VOM BODEN ESSEN

Ein italienisches Straßenlokal. Otto und Ute sitzen am Tisch. Am Nebentisch sitzt eine Dame.

KELLNER So, bitte, was darf's sein?
OTTO Prego, vogliamo due Calamarie diabolo, e poi …
KELLNER Irgendwas dazu?
OTTO Ja, äh, prediamo una insalata mista e un poco di pane.
KELLNER Also, zweimal Tintenfisch, gemischter Salat und Brot.
UTE Herr Ober, könnten Sie nicht hier ein bisschen abwischen, das ist ja schauderhaft schmutzig. Sehen Sie mal. *Sie fährt mit dem Finger über den Tisch.*
KELLNER Sofort. *Wischt Tisch ab, schüttet Abfälle auf den Boden.*
UTE Wissen Sie, wir sind das nicht gewohnt, solchen Schmutz. Bei uns in Deutschland gibt es

Lokale, da könnte man direkt vom Boden essen. Sogar in italienischen Restaurants übrigens.

KELLNER Jaja, schon gut. Wir essen auf dem Tisch, gnä' Frau.

UTE Ich sagte auch nur, man könnte …

OTTO Sag mal, Knipsi, welchen Italiener meinste denn bei uns?

UTE Na, zum Beispiel Rosario in der Türkenpassage.

OTTO Na, aber vom Boden essen würde ich bei dem auch nicht unbedingt.

UTE Ich sagte ja nur, man könnte. Außerdem gibt es ja auch noch deutsche Lokale – denk an Brunnhof oder Kirchsteiger.

OTTO Na ja, da haste recht, da blitzt alles.

UTE Igitt, Otto, guck dir das an, dieser Köter, mitten zwischen die Tische, pfui …

Ein Straßenköter hat gerade mitten zwischen den Esstischen sein Geschäft verrichtet.

OTTO Ja, das ist eine Sauerei, dieses Vieh, pfui!

UTE Pfui, pfui, gehst du weg!

OTTO *steht auf und verjagt den Hund* Das ist ja allerhand, das ist ja allerhand. Das gibt es auch nur hier.

UTE Mir ist richtig der Appetit vergangen. *Fährt über den Tisch.* Hier, sieh mal …

OTTO Möchte nicht wissen, wie's in der Küche aussieht.

Der Kellner serviert am Nebentisch ein Gericht.

UTE Sieht aber ganz ordentlich aus ...

OTTO Bon appetito.

FRANÇOISE Merci.

OTTO Ich sagte gerade zu meiner Frau: Hier möchte ich nicht vom Boden essen.

UTE In Deutschland haben wir Lokale, da könnte man direkt vom Boden essen, so sauber ist dort alles.

FRANÇOISE Pardon?

UTE Sie versteht nicht.

OTTO In Germania habiamo restaurante possibile mangare – was heißt Boden?

UTE Terra.

OTTO Terra, hier ...

UTE ... das ist hier in Italien nicht möglich, hier muss man auf dem Tisch essen. Tavola.

OTTO In Italia mangare tavola.

FRANÇOISE Pardon?

UTE Das hatse nich verstanden. Speak English? Very dirty here, not clean.

OTTO You must eat from the table.

FRANÇOISE Pardon, je n'ai pas compris.

OTTO French?

FRANÇOISE Oui?

UTE Lass mich mal: Ici al' Italy on n'est peu pas manger la ba ... *Deutet.*

FRANÇOISE Où?

OTTO La ba ... *Deutet auf den Boden.*

FRANÇOISE Ah, oui, c'est pas bon.

OTTO Was heißt denn Schmutz?

UTE En Allemagne on peu manger de la terre.

FRANÇOISE De la terre?

UTE Ouioui ...

OTTO Nein. No, no. Man muss hier essen, manger la ... *Klopft auf den Tisch.*

FRANÇOISE Oui, oui, manger de la table, oui.

OTTO Oui. Was heißt den Schmutz – compost?

UTE An Allemagne on peu manger de la terre.

FRANÇOISE Iiii, manger de la terre, uä, là-bas, uä.

OTTO No, no, Germani possibile. Nicht immer, aber manchmal, non sempre.

UTE Das verstehtse nich.

FRANÇOISE Pourquoi vous mangez de la terre?

UTE No, nous ne mangeons pas de la terre, ma nous pouvons.

OTTO Wir müssen hier essen – *klopft auf den Tisch* –, weil es hier nicht möglich ist ... *Deutet auf den Boden.* Schau mal nach, was heißt denn Schmutz?

UTE Ich hab nur Deutsch-Italienisch.

OTTO Herrgott, wie erklären wir ihr das? Haben Sie 'n Wörterbuch?

UTE Avez vous une dictionaire Francaise-Italien?

FRANÇOISE Oui, oui.

UTE Un moment. *Sieht im Deutsch-Italienisch-Lexikon nach.*

OTTO *zu Françoise* Gleich, gleich, Moment. Moment, Moment …

UTE Ah, hier, Moment. *Geht zu Françoise an den Tisch, sieht in Françoise' Italienisch-Französisch-Wörterbuch nach.* La …

FRANÇOISE *liest* Ah, oui, ici c'est très salle là-bas, oui, c'est vrais.

OTTO Jaja, genau. Impossible manger la ba.

FRANÇOISE Oui, c'est certainement impossible …

UTE Ma, on Allemagne on pu manger de la terre …

KELLNER So, meine Herrschaften, die Calamari sind da, wo soll ich servieren, wollen Sie auf dem Boden oder …?

OTTO Machen Sie keine Witze, Herr Ober.

FRANÇOISE Bon appetit.

KELLNER Guten Appetit.
OTTO Merci.
UTE Merci.
Die beiden probieren.
OTTO Mmh. Sehr lecker.
UTE So frisch kriegste die nur hier in Italien …
OTTO Ja, bei uns sind se immer tiefgefroren. Also wirklich, klasse …
OTTO *Seitenblick zu Françoise* Übrigens, in Frankreich sind die, was Sauberkeit anbelangt, auch nicht gerade pingelig …

DIE
KULTURREISE

Frau Mitterwieser disponiert um.

Mir samma heuer nach Italien abi, ham mir amal so a Kulturreise gmacht. Gell, aber scho in Bozen ham mir so a Panne ghabt, na ja, irgendwie, a Reifen is uns platzt, ich glaub, vielleicht hams uns neigstochn ghabt, i woaß net. Na warn mir noch in Verona, und da ham mir a sehr gutes Kalbfleisch gessn, na samma runter dann, da, da nach, wie heißt's, Florenz, da ham mir aber nachert schlecht an Parkplatz kriegt, net, is ja alles verbaut da bei dene. Und in Perugia, da hat der Franz dann sein Durchfall kriegt, vom Obst, net, obwohl mir ja sonst die Lebensmittel alle selber dabeiham, weil da drunten des is ja z'gfährlich, net. Aber mei, und dann san mir, mir ham versucht, dieses Carabinieri da zu finden, da sin mir also ständig rumgfahrn, des war auch irgendwie, ich weiß aa net, die ham a schlechte Beschilderung. Und dann in Rom hams am Franz ja die Geldbörse rausgstohln, net – grad in Rom. Na ja, na ja, sonst is's ja net schlecht da drunt, 's nächste Mal fahrn mir aber nach Spanien.

DER STAU

Kurz vor Sonnenaufgang auf der Autobahn, normaler Verkehr, im Auto von Familie Löhlein: Oskar, Ingeborg und Heinz-Rüdiger. Oskar Löhlein isst am Steuer ein »Raider«. Aus dem Radio die übliche fröhliche Musik bis zum frühen Morgen.

OSKAR Wenn ma guat san, na samma no vor elfe da.
INGEBORG Mei, hoffentlich, weil ab Mittag werd's oiwei so hoaß. *Hält Oskar einen Thermosflaschendeckel mit Kaffee hin.* Magst no an Schluck ...
OSKAR Mhm ... *Schlürft.*
INGEBORG Obacht! *Man sieht stehende Autos auf der Fahrbahn.*
OSKAR Ja, was is des ... *Bremst scharf.*
Der Wagen steht. Man hört quietschende Bremsen von Wagen, die hinten auffahren. Fast zwanzig Sekunden nur Motorenstandgeräusch.

BAYERN-DURCHSAGE Hier ist Bayern drei, die Servicewelle von Radio München. Auf der Autobahn Salzburg im Raum Hofolding stehender Verkehr infolge mehrerer Auffahrunfälle. *B3-Zeichen.*
INGEBORG Weil s' allweil so rasen.
Oskar bläst Luft durch die Backen und sieht auf die Uhr.

9 Uhr vormittags, gleiche Stelle, gleicher Stau. Oskar Löhlein steht mit Feldstecher im Auto und schaut aus dem Schiebedach nach vorne. Ingeborg steht neben dem Wagen und schaut zu Oskar auf. Heinz-Rüdiger spielt im Straßengraben mit zwei Spielzeugautos Autorennen.
HEINZ-RÜDIGER Tatü, tataa, brrmmbrmm ...
Alle Motoren ringsumher sind abgeschaltet. Von fern undeutlich verschiedene Autoradios; Leute, die neben ihren Autos stehen; es scheint ein heißer Tag zu werden.
OSKAR I siehg nix.
Man hört entfernt ein Auto anlassen, alle steigen in ihre Wagen, einer nach dem anderen lässt sein Auto an, der Lkw vor Löhleins bläst Oskar eine schwarze Dieselwolke ins Gesicht, Oskar setzt sich, Ingeborg und Heinz-Rüdiger steigen

ein, allgemeines Türenklappern, Wagenanlassen, Oskar kann fast eine Wagenlänge vorwärts fahren, eine Zeitlang Motorenstandgeräusch, dann allmählich allgemeines Motorenabschalten.

11 Uhr, gleiche Stelle. Die Bayern-3-Durchsage wird wiederholt. Es wird allmählich heiß. Eine provisorische gedeckte Tafel am Boden des Löhleinschen Wohnwagens, die Türen sind geöffnet, Ingeborg und Oskar sitzen auf Campinghockern auf der Straße davor, Heinz-Rüdiger hockt daneben auf der Leitplanke.
VOM NEBENAUTO Na, schmeckt's?
OSKAR Ja mei, was sollma 'n sonst machn …
INGEBORG Heinz-Rüdiger, iss schön anständig!
OSKAR Salz!

Ingeborg reicht ihm das Salz. Der Mann vom Nebenauto wienert seine Motorhaube.

13 Uhr, flirrende Hitze. Familie Löhlein sitzt erledigt im Auto und brütet vor sich hin. Die rechten Seitentüren sind geöffnet. Oskar raucht eine Zigarette. Eine Fliege surrt an der Windschutzscheibe, von weiter weg hört man den folgenden Dialog.

STIMME I Was, in acht Stunden nach Italien? Donnerlüttchen!

STIMME II Freilisch. In sechs Stund fahr isch nach Venedisch. Isch hab jetz die hundertsechzisch Pe-Es-Maschin, des genücht eich endlich, frailisch, isch main, fizzisch Pe-Es mehr, in de Ti-Ausführung, is scho noch spürbar bessä, vor allem im middleren Beraisch un baim Übeholle, abe isch main, wann fährt ma so was scho mal rischdisch aus, nä. Obwohl, mai Vedda, der hat de Ti – nä, der schafft Venedisch in fünf Stunne.

STIMME I Donnerlüttchen.

STIMME II Un im Verbrauch is braktisch kai Unnerschied, bloß im Raifeverschlaiß, aber wisse Se, isch bin kai Schbrinde, nä, isch fahr maine hunnerdachzisch Sache, un des muss genüche. Des is a soliede Raisegeschwinnichkaid un kai so Hedzerai. Un ma kommd doch züchich voran, nä. Also isch kann aufs Fluchzeuch direkt verzichte. Isch main auf Kurzschdregge, ned im Inderkondinendalvakehr …

STIMME I Komplett meine Meinung.

STIMME II Schaue Se, isch fahr jetz für vier Dag nunne nach Kalabrie, nä, des sin hin un redur je zweidausend Killomedä. Am Middwoch had mai Eldesde Gebottsdach, da mus isch zurück sai, weil, wisse Se, mai Frau, die liecht noch im Krangehaus, die hat an Audounfall gehabd, also schaue Se, mid am nomale Fahrzeug da schaff isch des niemals. Mid a nomale Bleschkiside brauch isch da gar nisch erst antrede.

Zwei vollbeladene Tramper marschieren zwischen den beiden Autobahnschlangen in Richtung Süden. Sie halten an Löhleins Pkw.

TRAMP Ey, Mann, haste ma Feuer?

Oskar hält wortlos seine Zigarettenkippe zum Fenster hinaus, der Tramp bedient sich. Okay dann, schön' Tach noch. *Die beiden Tramper gehen weiter.*

STIMME II Sache Se mal, wie schbäd hammen Sie?

STIMME I Dreizehnuhrdrei.

STIMME II Aah, is gud, dann wedd isch amal de Weddeberischt aischalde. Alsdann, a gude Rais noch.

STIMME I Vielen Dank, und Ihnen eine gute Fahrt.

Zwei Autotüren knallen, die Fliege an der Windschutzscheibe nimmt einen neuen Anlauf.

16 Uhr: Auf der leeren Gegenfahrbahn fährt ein junger Mensch mit seinem Cabriolet vorbei, aus dem laute Musik dröhnt; er beobachtet mit Genuss und Interesse den Stau. Familie Löhlein und andere Staumenschen schauen ihm missbilligend nach. Oskar sieht auf die Uhr.

OSKAR Jetz waar was z' Essen recht.

INGEBORG Magst an Schwedenhappen …

OSKAR Ja, is recht.

Ingeborg fängt zu suchen an, entdeckt ein zerlaufenes Eis, sucht weiter.

INGEBORG I find's net.

OSKAR Schaug halt unter de Tomaten, bei de Pfirsiche …

INGEBORG Hab i scho.

OSKAR O mei … *Geht zum Wohnwagen.*

Oskar und Ingeborg suchen jetzt gemeinsam. Heinz-Rüdiger spielt Auto.

HEINZ-RÜDIGER Tatü tataa, brmm, brumm …

Oskar und Ingeborg räumen verbissen den ganzen Kofferraum und den Wohnwagen aus.

OSKAR Am Schluss hast as vergessn.

INGEBORG Da ist's ja.

OSKAR Wo war's jetz?

INGEBORG Zwischen de Zwiebeln.

Die beiden beginnen wieder einzuräumen.

19 Uhr: Familie Löhlein sitzt auf Campingklappstühlen an einem Campingklapptisch vor dem Wohnwagen beim Abendbrot.

HEINZ-RÜDIGER Bappa, wann fahrn mir denn wieder?

OSKAR *haut ihm plötzlich unbeherrscht eine runter* Frag net so saudumm. *Von Ferne Abendglockenläuten.* Salz!

Ingeborg reicht das Salz. Allgemeines Anlassen, Familie Löhlein sitzt im Dieselqualm des Lkw.
Schnell, pack zamm.
Ingeborg kramt hastig das Essen zusammen, Oskar eilt ans Steuer. Lässt an. Der Stau fährt schon ein wenig. Oskar will losfahren.

INGEBORG Halt, halt, no net!

Oskar wartet, ein Sportwagen mit Pirmasenser Nummer schert aus der linken Spur aus und klemmt sich zwischen den Lkw und die Löhleins. Die Autos stehen wieder.

OSKAR Ja, Sie, wie hamma's denn!

INGEBORG A so ein Büffel ...

Oskar hupt. Daraus entsteht ein kurzes allgemeines Hupkonzert. Dann schalten alle die Motoren wieder ab. Ingeborg räumt das Essen wieder her.

OSKAR Weilst allweil so trietschelst.

23 Uhr 30: Die Autobahn im Mondlicht. Familie Löhlein sitzt im Auto, gedämpftes Innenlicht. Oskar studiert den Autoatlas, Ingeborg schaut zu, Heinz-Rüdiger döst vor sich hin.

OSKAR Und dann fahrma da bei Vicenca, fahrma links weg, auf der Landstraßn. Und da, beim Trasumener See fahrma wieder auf d' Autobahn. Na sparma an Haufn Zeit und Gebührn.

INGEBORG Genau, so machma's. *Gähnt.*

OSKAR Un nachert, dad i sagn, fahrma vier Dag eher wieder zruck, dass ma net in'n Stau neikemman.

INGEBORG Genau.

OSKAR Weil, durch den Stau hier, da ham mir jetz schon fast an ganzen Dag verlorn.

ALLES
ÜBER SPANIEN

Karl A. Sotbrenner resümiert.

Der Sonnenschirm in Calella jederzeit um die circa vierhundertfünfundsiebzig Pesetas, also Peseten, Pesetas, wie man dort sagt, zu haben, das sind, nicht, so um die acht Mark, also, je nachdem, wo man einwechselt, es gibt ja auch Ganoven, nicht wahr, und das Essen, nicht wahr, Wiener Schnitzel, na ja, da muss man auch so um die acht-, neunhundert Pesetas hinlegen, aber alles da, mit Pommes und so weiter, mit Salat, ordentlich durchaus, das Haus wird von einer Deutschen geführt, deshalb kann man auch 'ne Pizza bekommen, mit allem, das ist auch preislich, nicht wahr, so um die sechshundert Pesetas zu haben, auf der rechten Seite ist auch 'ne Pizzeria, ersatzweise auch 'ne Paella zu haben, so auch um die fünfhundert Peseten, Möglichkeit zum Stierkampf haben wir nicht wahrgenommen, wegen dieser Hitze, nicht wahr, aber man kann den Strand in circa vier-, fünfhundert Metern erreichen, da muss man mit dem Gummiboot und so, geht man durch 'ne Autobahn und dann über so 'ne Eisenbahnstrecke rüber, das Meer, nicht wahr, azurblau, sauber alles, nicht wahr, ham da nette Menschen, nicht wahr, da warn Toyotahändler aus Bad Schwertheim, also, sehr freundliche Leute, wir sind dann doch in zwoundzwanzig Stunden bei nur zwomaligem Tanken durch, radebutz, Frankreich haben wir ohne Aufenthalt durchgeschafft, nicht wahr, und damit gut gebräunt von Calella in Olching angekommen, ich hatte diesmal Bestzeit, unser Nachbar, der diesmal mit war, der hat 'ne Stunde länger gebraucht, aber der hat sich noch Avignon angesehen.

DER ÜBERFALL

A: Hallo, hallo, ein Neuankömmling, was?
B: Ja, ähm, mei, hehe …
A: Na, wie sind Sie denn hier hergefahren? Über Cambodazo oder über Ramazotti?
B: Ja, mir sin, ah …
A: Also, ich sag Ihnen, wir sind über Lazaretto und dann Giovanni … Sie verstehen. Also, das war unmöglich. Zwei Tage Stau, es war, also wirklich, unglaublich, nicht wahr? Und ich sag Ihnen, äh, wie lange bleiben Sie, wann fahren Sie denn wieder zurück?
B: Ja, mei, mir sin, äh ja, äh, praktisch erst …
A: Na ja, aber ich, ich sag Ihnen eines, nicht wahr, passen Sie auf, Monte del Trano, Caso Salles, ummöglich, nicht wahr. Bei Inflamabile, also da, die Polizei. Man steht stundenlang. Nehmen Sie die Carabiniere Lasagne und Castel Laguna. Links ins Gebüsch und dann weg. Und dann schönen Tag und schönen Urlaub.

SCHWEDEN

A: Tunesien, sechshundertvierunddreißig Mark.
B: Das lasse ich mir eingehen. Wir hatten Costa Rica, fünfhundertneunzig Mark.
A: Mit allem?
B: Ja, mit allem.
A: Tunesien war auch mit allem?
B: Letztes Jahr – Kuba ...
A: Ich weiß – vierhundertachtzig Mark.
B: Nein. Vierhundert. Vierhundert Mark! Mit allem Pipapo!
A: Wahnsinn!
B: Aber Sie werden's nicht glauben.
A: Was?
B: Bulgarien. Zweihundertachtzig!
A: Und alles drin?
B: Und ob. Darauf können Sie sich verlassen.
A: Das darf doch nicht wahr sein.
B: Jetzt kommt's erst richtig.
A: Lassen Sie's raus.

B: Der Dr. Döbel!
A: …
B: Schweden!
A: Und?
B: Fünftausend.
A: Mit oder ohne?
B: Ohne irgendwas!
A: Einfach nur Schweden?
B: Nur Schweden, sonst nichts!
A: Typisch Dr. Döbel.

ALLES ÜBER
FRANKREICH

Karl A. Sotbrenner rekommandiert.

Der Sonnenschirm, nicht wahr, der Parasol, wie sie da sagen an der Côte d'Azur, an der Côte, nicht wahr, das ist ja unter vierzig Francs überhaupt nicht zu haben, nicht wahr, die langen hin, also die Burschen, nach der Abwertung, das sind immerhin noch … das sind ja fast zwanzig Mark, ich meine … Wiener Schnitzel, nicht wahr, wenn man's überhaupt bekommt, da verlangen die hundert Francs, französische Francs, nicht wahr, das muss man sich mal vorstellen, sage und schreibe hundert Francs, nicht wahr, und dann extra verlangen sie für Pommes, nicht wahr, oder mal 'n Salat, des wird extra berechnet, und auch das Publikum, was soll ich sagen, ich war … da war, an unserem Tisch saß immer ein Autohändler, so ein Peugeothändler aus Lyon, aber der sprach nur

Französisch, dann hat er's spanisch und englisch versucht, aber das ist ja zwecklos, nicht wahr, und ja … am Strand da gab's eine Art Pizzeria, nicht wahr, aber die hat so ein Algerier geführt, dann auch dort die Preise, auf der anderen Seite war auch 'ne Pizzeria, da hatten sie auch so 'ne Quiche, nicht wahr, aber da verlangen die pro Stück zwanzig, dreißig Francs, nicht wahr, das ist ja überhaupt nicht zu machen, ein Cola, das kann ich mir beim Juwelier kaufen, und, nun ja, unterbringungsmäßig, die Betten durchaus im deutschen Stil, so ikeaartig, zum Strand, nun gut, das waren dreihundert Meter, da musste man so durch 'ne Autobahn durch und dann über die Eisenbahnschwellen, nicht wahr, das ging, das Meer, nu ja, das ist wie immer asür, also der Urlaub war ein Erfolg, Olching-Hyères dreizehneinhalb Stunden, und braun wie die Neger.

BAHLI, BALLI – BALI

A: Servus!
B: Ja – ah – servus!
A: Ja, Mensch – ha!
B: Ja …
A: Und? Was is im – Busch?
B: Mei! Nix – eigentlich.
A: Gar nix?
B: Schon!
A: Was?
B: Na ja …
A: Hast a neues Auto?
B: Naa – naa – nanaa – nein.
A: Aber?
B: Ich fahr fort …
A: Fort?
B: Ja, a bissl – fort halt.
A: Wohin?
B: Bahli.
A: Balli.

B: Ja – Balli.
A: Direkt – Balli?
B: Möglich – schon möglich.
A: Balli! Da is's warm!
B: Ja – doch.
A: Ziemlich warm! Direkt heiß!
B: Hmmm – ja.
A: Also dann, viel Spaß.
B: Danke. Genau. – Also – servus.
A: Servus!
(Zwei Wochen später)
A: Griaß de!
B: Servus!
A: Und? Balli?
B: Ja mei ...
A: Wie war's?
B: Doch! Mei? Schon!
A: War's warm?
B: Ja, schon ...
A: Und sonst?
B: Mei – was soll ma sagen?
A: Is's eine Insel?
B: Freilich! Sowieso!
A: Ja, ja – Balli.
B: Genau! Na ja, Gott sei Dank, hamma des auch wieder!

ALLES ÜBER
GRIECHENLAND

Karl A. Sotbrenner rekapituliert.

Der Sonnenschirm für circa vierhundert Drachmen, jederzeit zu haben, das Essen, Wiener Schnitzel mit Pommes und Salat, um die circa achthundert Drachmen, nicht wahr, Fleischqualität, da muss man natürlich Abstriche machen, aber ein Mückenspray in einer Apotheke, auch um die vierhundert Drachmen zu haben, durchaus gute Qualität, aber nette Leute, das Publikum, nicht wahr, so 'n Mercedeshändler aus Worms, also, sehr angenehm, gleich zur Linken: Pizzeria, wo man alles haben kann, nicht wahr, Pizza mit allen Schikanen, um die zwei- bis dreihundert Drachmen zu haben bereits, drüben, gleich zur Rechten, noch mal Pizzeria, wird von einer original Berlinerin geführt, sehr sauber alles, auch um die fünfhundert Drachmen, zum

Strand sind es fünfhundert Meter circa, mit allem Pipapo, Gummiboote und was man so hat, unter der Autobahn durch, dann über die Eisenbahn, Strand – hm, ja hm –, Meer wunderbar, Wolken, nicht wahr, Himmel azur, durchaus gebräunt zurück, nicht wahr, Saloniki-Olching fünfunddreißig Stunden bei nur viermaligem Tanken, ohne, also, in Nonstop schon zu Hause.

DIE WELTREISE

Wir haben heuer mal eine Weltreise gemacht. Aber ich sag's Ihnen gleich, wie es ist: Da fahren wir nimmer hin.